人文叢書 社會類

大風大浪 舉世惶惶

陸以正 著

三民書局

國家圖書館出版品預行編目資料

大風大浪 舉世惶惶／陸以正著.－－初版一刷.－－臺北市：三民，2009
面； 公分.－－(人文叢書.社會類7)

ISBN 978-957-14-5161-9 (平裝)

1. 言論集 2. 時事評論

078 98003271

© 大風大浪 舉世惶惶

著作人 陸以正
責任編輯 田欣雲
美術設計 郭雅萍
校對 王良郁

發行人 劉振強
著作財產權人 三民書局股份有限公司
發行所 三民書局股份有限公司
地址 臺北市復興北路386號
電話 (02)25006600
郵撥帳號 0009998-5
門市部 (復北店) 臺北市復興北路386號
(重南店) 臺北市重慶南路一段61號

出版日期 初版一刷 2009年3月
編號 S 811490
行政院新聞局登記證局版臺業字第〇二〇〇號

ISBN 978-957-14-5161-9 (平裝)

http://www.sanmin.com.tw 三民網路書店

自序

家住台灣的人，過去這一年真如坐雲霄飛車，上半年還興高采烈，有伸手可觸及星月之感；下半年卻因金融風暴，信心直直跌落，驚惶失措，不知將伊於胡底。

回首二○○八年，有三條貫串全年的線索：其一是政黨再度輪替，其二是陳水扁家人貪汙洗錢案，其三是國際金融風暴，三件事大體依此次序發生。不論男女老幼，或貧富貴賤，每人都受到很大的影響，這也是台灣六十年來從未有過的經驗。

第一條線是民國九十七年開始，元月十二日首次實行「單一選區兩票制」下的立法委員選舉，人民用選票懲罰了阿扁，民進黨成為陪葬。首善之區的台北市，八席全由國民黨包辦，綠營交了白卷；兩件公投案也都沒有過關。第十居立法委員較上居減半，一百一十三席中，國民黨囊括八十一席，加無黨籍聯盟和親民黨，實際可動員八十五席；相對於民進黨的廿七席，藍營取得絕對優勢。

身兼黨主席的陳水扁裝模作樣，引咎辭職；四大天王裡沒人敢接這個燙手山芋；葉菊蘭暫時代理了幾天，最後還是由謝長廷接任。作為民進黨總統候選人，謝本就與阿扁面和心不和，趁此機會拉開距離，走他自己的路。他奔走各縣市演講，動員親綠民眾捧場時，從不讓仍為總統的陳水扁來助陣。陳幸妤最近才爆料說，謝長廷競選時假稱扭傷腳踝，實際是輕度中風，扶病競選，國人才恍然大悟他那時撐著拐杖走路的原因。

雖已與阿扁儘量切割，謝長廷仍不免受陳前總統一家人貪汙醜聞的拖累。三月廿二日中華民國第十二任總統副總統選舉，馬蕭配以七百六十五萬八千七百廿四票，大勝謝蘇配的五百四十四萬五千二百卅九票；比數為五八．四五％對四一．五五％。

如此大的差距，只有一個可能的解釋，就是成熟的選民，全憑自身認識與良知，做了正確的選擇，也徹底戳穿了台灣二千三百萬人中，有過半數企求或至少贊同獨立的謊言。

第二條線，以八月十四日阿扁公開承認「我做了法律所不許可的事」為全年高潮。其實陳前總統八年任期裡，吳淑珍自始至終都在幕後操縱，貪得無厭，不停地收受賄賂。她坐在玉山官邸裡，足不出戶，就可賣官鬻爵，指揮如余政憲之類的部會首長。多少富商巨賈奔走門下，各有所求，有時只希望她別插手多管閒事，以免橫生枝節。她所收受的賄款總數以百億計，至今仍無人知道確數若干。

扁嫂除在家中存放數億現鈔外，還在國泰世華銀行租用特大的保險室，存放現金和珠寶。直到陳鎮慧與杜麗萍向特偵組招供後，才無所遁形。她利用親朋如吳景茂陳俊英夫婦、同學蔡美利姊弟，以及鄭深池等當人頭，轉幾個彎把錢匯往國外，非法洗錢，最後都到了陳致中和黃睿靚兩人的戶頭裡。陳水扁知不知情？他自己當然否認，還說那是「台獨建國基金」，恐怕全台灣找不到一個人相信他的推諉之詞。

陳家女婿趙建銘和他的父兄，早在二〇〇六年就因台開內線交易案被捕判刑，保釋後上訴到高等法院，反而從原判六年增加到八年，至今尚未定讞。他的妻子陳幸妤脾氣急躁，被媒體惹火時，常常口不擇言；除要公公趙玉柱「去自殺算了」之外，她罵綠營人物說：「你們哪個沒拿過我爸爸的錢？」天真的程度可圈可點。

律師性格的阿扁，遇記者追問時，慣於字斟句酌、避重就輕地答覆。他只說自己沒有A錢，從不提阿珍一字。眾所周知的事實，例如把假發票列為國家機密，藉二次金改之名勒索企業斂財，所有被掀出的非法所得，他都諉稱是政治獻金。難怪陳水扁全家以及親朋好友，從吳景茂夫婦到黃芳彥，這一整年都是報章、雜誌、廣播、電視每天必有的報導題材。

第三條線並非源自台灣，而是從美國感染來的「病毒」。去年七月的「兩房（Fannie Mae 和 Freddie Mac）危機」，導致雷曼兄弟投資公司（Lehman Brothers）破產，美林證券（Merrill Lynch）倒閉，再從美國銀行（Bank of America）引起一連串銀行被迫易主，逼使布希政府向國會提出七千億美元緊急撥款方案，拿納稅人的錢去救華爾街。

問題的根本，出在近廿幾年金融市場所謂「衍生性金融商品（derivatives）」氾濫，尤其「避險基金（hedge funds）」興起後，把金融市場變成了賭檯：某家股票有人看漲，必有人看跌，輸贏可達數千萬或上億美元。大老闆們只管日進斗金，每人年薪加分紅動輒千萬，誰去管美國金融事業的前途？遷延又遷延，危機終於爆發。

台灣經濟的基本面紮實，不該被金融海嘯弄得暈頭轉向。我們不像南韓，沒欠一分錢外債。國外風波一開始，行政院就宣布不論數額多少，政府保證所有銀行存款無虞，因而並未發生擠兌現象。唯有證券市場每天跟著國外走，漲漲跌跌。股票族在二〇〇八年每人賠掉多少錢？人言言殊，如說六十萬元，只會嫌少不會嫌多。但比起大陸股民每人虧蝕卅八萬人民幣又好多了。美國和歐洲股市仍然跌個不停，看來台灣仍將有一段時期，忍受不該有的負面影響。

本書是三民書局劉董事長振強兄每年替我出版的第八冊文集，共收去年在各報刊出的文章九十六篇。三餘年來，因《中國時報》邀約每週一刊登我分析國際局勢的專欄，本書以國際為題者有四十一篇。檢討國內問題者則有廿三篇，從年初立法委員選舉開始，到年底阿扁被周占春法官兩度無保釋放，大都因骨骾在喉，一吐為快。

此外，各文雖略微涉及政治，實以國家制度為著眼點者，也有廿三篇，如「我國應建立陪審團制」、「全民監督審查預算」、「對大陸訪客簽證十天期限太短」、「立院行使同意權應採唱名表決」、「內閣改造芻議」、「刑法應增列藐視法庭與藐視國會罪」等等，希望這些問題能引起國人注意。究因人微言輕，沒有得到很多響應。我會再接再厲，只盼有朝一日，這些改革理念能成事實。

馬政府在「五二〇」後的政績，亦可看作貫穿本書的另一脈絡。馬總統選前與謝長廷的辯論會，口水少而政策多，樹立良好典範。夫人周美青女士平易近人的作風，馬本人就職禮的儉樸，都是我個人的觀察。馬總統不應親自出訪巴拉圭，更無須去參加歐巴馬就職，是我個人的意見。馬蕭劉三位的「九萬兆」組合，積極務實，雖有小庇，不掩成就，大體而言應該受到鼓勵。為何被反對黨批評得一錢不值，關鍵實在於推也推不動的官僚體系，這是我個人的深切感受，沒人和我談過，更無人告訴我該怎麼寫，必須在此聲明。

民國九十八年二月三日・台北市

大風大浪 舉世惶惶

目次

一、混亂的二〇〇八 國內外十大新聞

（原刊九十七年十二月廿九日《中國時報》時論廣場）

每年底回顧一年來國內外的大小新聞，沒有比今年更容易的了。各報早已選出「十大凸槌新聞」。無人不同意最能形容今年的單字，是一個「亂」字。《時代》(*Time*)雜誌選出「今年十大醜聞」，卻漏掉了台灣的陳水扁。以下是我個人的選擇，同不同意，請讀者自作判斷。

一、金融大海嘯 全球受創慘重

全世界沒有一個國家或個人，能逃避金融海嘯的衝擊。追根究底，美國聯準會(Federal Reserve System)前主席葛林斯班(Alan Greenspan)該負最大責任。郭台銘的身價跌掉一半，慨嘆說經濟危機深不見底，比他原想像至少超過三倍。各國經濟學家最樂觀的估計，也要明年夏天過後，方可略有起色。悲觀者則坦言，二〇一二年能恢復舊觀就不錯了。

二、歐巴馬當選 打破美國傳統

美國大選打破了二百卅三年的傳統，種族偏見從此被埋葬，民主自由獲得新認同。探索原因，布希

(George Walker Bush) 八年政績固然不得人心，歐巴馬 (Barack Hussein Obama) 的辯才無礙，和他只有一個字的競選口號「求變」，把原本反對伊拉克戰爭的聲浪，轉換成五三%的選票，才是獲勝關鍵。新內閣布局不問黨派，網羅各族菁英，也顯現他具有政治家之風。

三、政權再輪替　馬英九成總統

與前兩項相較，台灣再度政黨輪替，馬英九當選總統，只能屈居第三。國民黨再度執政才七個月，外受國際經濟危機的衝擊，內受積重難返的官僚體系拖累，馬總統謹守憲政體制，不肯干涉司法。民意支持度下滑，不能全怪罪「九萬兆」。

四、美經濟停滯　砸大錢救股市

美國是世界經濟火車頭，八月的「兩房危機」啟動從雷曼兄弟 (Lehman Brothers) 到高盛 (Goldman Sachs) 等全球性投資銀行倒閉風潮。紐約證券市場上市股票總值，一半以上蒸發掉。失業率急速攀升，聯準會一再削碼，接近零利率時代。人民抱緊儲蓄，不敢消費。國會雖通過七千億美元緊急援款，多數企業已病入膏肓。

五、捉放陳水扁　台灣暈頭轉向

特偵組調查三個多月，才把阿扁送進土城看守所。只關了卅一天，又被地院周占春法官無保釋放。特偵組再提抗告，台灣高等法院撤銷周占春法官無保開釋的原裁定，發回台北地院更為裁定。

六、歐洲受波及　各國自顧不暇

歐盟 (European Union, EU) 自以為經濟規模可與美國抗衡，事實證明無論歐元 (Euro) 或英鎊都抵擋不住全球金融風暴。冰島已成世界第一個破產國。法國薩科奇 (Nicolas Sarkozy) 總統的歐洲團結自救理想，不敵德國梅克爾 (Angela Merkel) 堅決反對拯救個別企業立場。不僅拉脫維亞 (Latvia) 和烏克蘭 (Ukraine)，舊日東歐附庸國都搖搖欲墜。普丁 (Vladimir Putin) 原想與美打對台，也因原油每桶跌破四十美元使俄國損失慘重。

七、人民幣升值　大陸轉型內銷

大陸擁有以千億計的美國國庫券，早就是美國最大債權國，榮辱與共。北京外匯存底今夏雖超過一點八兆美元，仍未避免金融風暴的衝擊。北京購買美國銀行的連動債，究竟虧損多少，至今祕而不宣。人民幣升值後，如今對美元匯率釘死在六・八五比一，可見保護國內金融系統的考慮，遠重於賺取利息。

八、孟買大屠殺　反恐防不勝防

十一月底，全球目光集中在印度南部商業大城孟買的 Taj Mahal Intercontinental 飯店。台灣電視台播放新聞時，常把真的泰姬瑪哈陵與之混為一談。實際上巴基斯坦恐怖分子集團在全市十處同時發動突擊。僅這家旅館即死一百八十人，另三百零八人受傷。印度與巴基斯坦也因而交惡。

九、三通成事實　兩岸均蒙其利

馬英九競選時承諾的海空直航與通郵正式兌現。台北與上海已形成一日生活圈。大陸開放十九個省市居民來台旅遊，五人即可組團，停留時間亦延為十五日，大陸遊客來台人數明年勢將激增。吳伯雄以國民黨主席身分率團去北京，與賈慶林共同主持國共論壇。若干二級單位首長「請假」以顧問名義參加，和大陸對等官員討論銀行保險業登陸以及旅遊事宜，將為兩岸經濟合作開新紀元。

十、中東仍戰亂　穆夏拉夫下台

伊拉克戰火未熄，阿富汗神學士游擊隊有巴基斯坦狂熱伊斯蘭教徒暗助，越剿越多。兩國邊境綿長，走私客與恐怖分子出入自由。巴國人民懷疑班娜姬・布托 (Benazir Bhutto) 返國遇刺幕後受穆夏拉夫 (Pervez Musharraf) 指使。憲法法院傳喚，國會彈劾，俾使穆夏拉夫總統下台。班娜姬的丈夫繼位，印巴緊張關係也獲紓解。

二、增列藐視法庭與國會罪

（原刊九十七年十二月廿二日《中國時報》時論廣場）

台北地方法院的周占春庭長上週又一次裁定將陳前總統無保釋放，國人雖錯愕莫名，卻也無法可想。特偵組檢察官們是否再提抗告，本週可見分曉。另一補救之法，是暫時嚥下這口氣，追查阿扁曾上下其手的其他弊案，如二次金改或侵吞援外款項等，另闢蹊徑起訴他。

我國法律原以大陸法系為藍本。過去審問刑事案件時，檢察官坐在主審推事右手，高高在上。在被告眼中，推檢是一體的兩面，有點像京劇裡的三堂會審。近年來司法當局逐漸汲取英美法的精神，把檢察官的位子搬下來，與被告並排而坐，雙方並可交叉詰問，就保護人權而言，是很大的進步。

陳水扁被周占春第一次無保釋放後，特偵組抗告成功。高等法院不知是鄉愿作風還是懶得碰這個滾燙洋山芋，避免逕自裁定發回地院更審。高院發言人溫耀源在電視上解釋理由時，引用大法官會議釋字第五八二號決議，也舉了交叉詰問之例，說我國法院正逐漸師法英美，在人權與正義間尋求平衡。弦外之音似乎婉轉指出：地院初次裁定只顧到人權，卻忽略了正義。如今再度開庭的結果又相同，未免太超過了。

最使一般人看不過去的是：阿扁在看守所關了卅一天，每天鄭文龍律師去探望他後，就在所外開記者會，除告訴大家多產作家陳水扁又寫了多少字的書外，更公開批評國家司法制度，強調陳前總統只是政治犯，卻被國民黨政權打壓成刑事犯，冷嘲熱諷，毫無忌憚。若在歐美國家，他的律師資格早就因藐視法庭被取消了。但我國刑法第二編分則，雖列舉出卅五種各式各樣罪名，唯獨沒有「藐視法庭 (contempt of court)」這一條。

同樣地，民進黨執政時，立法院決議要求總統府祕書長陳唐山或行政院副院長邱義仁列席委員會備詢，被邀者經常不理不睬，立法院也無可奈何。英國國會裡，兩黨面對面而坐，會期中每天有質詢時間，反對黨任何議員都可提問，首相或主管部長都當場答覆。

在美國，參眾兩院任何一個委員會或所屬小組，如邀請部會首長列席備詢，而被邀者藉故不到，敬酒不吃吃罰酒，準定會被冠上「藐視國會 (Contempt of Congress)」罪名，除道歉並自動辭職外，別無他路可走。

英國雖以不成文法為主，但一九八一年也特別制定「藐視法庭治罪法 (Contempt of Court Act)」。法院或法務大臣皆可用藐視法庭為理由，對任何刑事甚或民事案不遵守該法的被告判處拘役、罰款或徒刑。美國更將此罪分為直接與間接兩種，像鄭文龍在法院外對媒體批評檢察官與法官，就可依間接藐視法庭論罪，情形嚴重者可處有期徒刑。

美國早在十八世紀末就發展出不得對國會有不敬的觀念。一八五七年更明文制定「藐視國會法」，違者須負刑責。參眾兩院任一委員會、其下小組、或該委員會主席，均有對部會首長或任何政府官員發出傳票之權。拒傳不到，即構成藐視國會之要件。

要想根除前文所舉的台灣各種怪現象，不是難事，要看執政黨有無決心，參考英美先例，透過立法院提案，在刑法分則下增列這兩種罪名。至於怎樣才算藐視法庭或國會，自然應有詳細法條界定範圍，以免牴觸憲法保障的言論自由。國人必須認清：言論自由的範圍，並不包括批評各級法院，或立法委員在院內發言權的權利。極少數電視名嘴在討論節目的表現，也應該略知自制。

如此重要的增訂刑法分則案，可能被認為曠時費日。但正如蔣經國所說，該做的事若今天不做，明天就會後悔。立院法制委員會可先由幕僚擬出條文草案，舉行公聽會，廣徵學者專家意見，並與在野黨派走完協商程序。以國民黨委員的壓倒優勢，又有民意做後盾，民進黨無從阻攔。雖難免被譏為「七年之病，求三年之艾」，為國家長治久安計，這是必須要走的道路。

三、各國元首貪瀆比一比

（原刊九十七年十二月十五日《中國時報》時論廣場）

特偵組不眠不休兩個多月，終於起訴陳水扁夫婦子媳四人；陳幸妤不在其列，國人也覺得很公平。陳前總統在土城看守所度過卅一天後，向台北地院周占春庭長承諾：不再到處演講，或挾持群眾拒絕出庭，獲得假釋；他出來向記者們談話，也較謙虛。這條驚天動地的新聞，應可教訓國人，司法才是民主最佳的保障。

我也聯想到外國元首或總理貪瀆前例，可與台灣作比較，藉以印證司法獨立的重要性。

最近的案例，就是本報中南美特派員上週報導，貝里斯總理慕沙 (Said Musa) 因挪用委內瑞拉總統查維茲 (Hugo Chávez) 捐贈興建平民住宅二千萬美元的半數，支付他私營「環球保健服務公司」積欠貝里斯銀行的債務，被檢察官起訴後已向法院自首。慕沙當然罪有應得，也佐證了法律之前，人人平等。他也挪用了台灣捐贈的一千萬美元做同樣用途，但因我國同意捐款可由他自由支配，這部分因此未被起訴。

不論中南美或亞洲，近年來貪汙腐敗的國家元首，菲律賓有馬可仕 (Ferdinand Marcos)、印尼有蘇哈托 (Suharto)、最近還有巴基斯坦的穆夏拉夫。

馬可仕自詡為抗日戰爭英雄，戰後當選三次眾議員，一次參議員。一九六五年以少數黨領袖當選菲律賓總統。他策動修憲取消兩任的限制，從一九六五到一九八六做了廿一年多的總統，菲國財富被他搜刮殆盡。他的妻子伊美黛(Imelda Marcos)貪婪更甚，以三千多雙高跟鞋聞名世界。一九八六年菲律賓掀起人民革命，馬可仕夫婦逃亡到夏威夷。他們夫婦貪汙的數額，難以計算，僅被瑞士政府沒收，退還給菲律賓的就達六億八千萬美元。

流亡的馬可仕一九八九年去世，伊美黛卻出人意外東山再起。她帶了大批金錢回國，買通法院，幾場被控貪瀆的官司都獲判無罪。她不但當選眾議員還競選過兩次總統，雖未成功，嚇壞了許多人。一九九八年她禮讓給好友艾斯特拉達(Joseph Estrada)，一任後也因貪腐被人民趕走。

印尼的蘇哈托更不像話，他原是陸軍司令，藉反共之名迫使印尼國父蘇卡諾(Bung Sukarno)退位出國。從一九六七到一九九八，蘇哈托做了卅二年總統，最後因憤怒群眾上街遊行，軍方袖手旁觀，被迫辭職，總算無須出國逃亡，今年二月在雅加達逝世。他到底貪汙了多少錢，《時代》雜誌估計高達一百五十億美元。最難以置信的是，他的家族在印尼各個島嶼所擁有的土地，總加起來有三萬六千平方公里，等於一個台灣那麼大。

今年八月十八日，巴基斯坦總統穆夏拉夫，雖有美國布希總統支持，終究不敵憲法法院下令調查，誰是刺殺曾任總理、去年底返國要和他競選總統的班娜姬．布托女士的幕後黑手，而被迫下台。巴國人有八六%認為他就是主使。八月初，反對他的人民黨(Pakistan People's Party, PPP)聯合其他小黨在國會對穆氏提出彈劾案。總計四百四十二名參眾兩院議員中，已有三百五十名參與連署，穆氏被逼得無路可走只有辭職一途。

穆夏拉夫本是陸軍總司令，一九九九年發動政變，推翻民選政府，自任總理；兩年後索性自封總統。

他十年來搜刮民脂民膏，總數超過一千五百五十兆盧比，折合二百卅八億美元。有趣的是他貪汙的手法，與阿扁操縱二次金改，有點相似，即假民營化之名，把國營企業賤價賣給和他有關係的紙上公司；而受益的家族，和穆氏非親即故，其中自然有對價關係。這種情形看在巴國人民眼裡，要不生氣也難。適在此時，巴國憲法法院發揮了功能，宣布將傳喚他到庭說明，成為壓扁駱駝的最後一根稻草。九月六日，班娜姬的丈夫、五十三歲的札達里 (Asif Ali Zardari) 當選總統，結束了穆氏的專制統治。

陳水扁一家貪汙所得的金錢，和前述幾位相比，除慕沙外，或許只能算小巫見大巫。但扁家人手段之拙劣，吃相之難看，事發後否認到底，或則互相推諉，言詞自相矛盾，令人啼笑皆非，卻又有過之而無不及。亞洲三位大獨裁者，從來無須為洗錢傷腦筋。相形之下，台灣總算比它們進步。但司法訴訟曠日費時，不知國人有無等到三審定讞的耐心。

四、縱虎歸山　扁恐再戰二〇一二

法官在時間壓力下　考慮未必周詳　挽救之道除儘快判決　只有特偵組快起訴扁家其他弊案

（原刊九十七年十二月十五日《聯合報》民意論壇）

上週末，台灣人民好像剛洗完溫泉，又泡冷泉。特偵組起訴陳前總統一家四口，人心大快；等地院合議庭將阿扁無保釋放，又使大家心情跌入谷底。可喜的是國人已經知道尊重司法尊嚴，只有極少數人質疑周占春庭長與陪審法官的決定是否公正公平。

但如果仔細去想放虎歸山有何後果，恐怕合議庭三位法官在時間壓力下，考慮未必周詳。

首先，阿扁重獲自由後，深綠群眾又有了活生生的崇拜偶像，任何場合只要他出現，群眾會聞風而集，愈聚愈多。

儘管阿扁信守對周庭長的諾言，不到處演講煽風點火，民進黨的政客們哪肯放過他？明年縣市長選舉，與此後每年選舉時，綠營肯定會拉這位仍享一切禮遇的卸任總統來做活招牌。他只要往台上一站，無須講話，台下就會掌聲雷動，對候選人的聲勢，助力非淺。

其次，司法程序冗長費時。所以特偵組寧願續查與阿扁有關的其他弊案，如冒領外交經費，中飽私囊等，比向台北地院提出抗告更為有效。但扁家A錢不計其數，被揭露者十不得一，如此抽絲剝繭的做法，不知會拖到哪年哪月。司法資源有限，如此糟蹋社會成本，對國家人民都是很大的損失。

最重要的是：刑事案件被告在三審定讞前，必須假定他是無辜的。阿扁的官司可能會拖上幾年，因此到二〇一二年，除非一審或二審遭到十年以上有期徒刑之判決，否則阿扁有權出來競選總統，與馬英九或國民黨任何候選人一爭短長。

這不是危言聳聽，過去地方選舉時，雖被起訴而獲勝當選的案例，不計其數。如果發生這種情形，即使紅衫軍再聚集百萬群眾，也拿他沒辦法。

挽救這局面，除了希望法院儘快判決外，只有特偵組趕快提出起訴扁珍一家的其他弊案，並祈禱台北地院在抽籤時，不要再抽到周占春法官這一組人。

五、馬無須參加歐巴馬就職

（原刊九十七年十二月八日《中國時報》時論廣場）

台灣大多數人不瞭解，卻是千真萬確的史實：美國開國以來，從未邀請外國元首或政府領袖參加新任總統的就職典禮。過去如此，明年第四十四屆總統歐巴馬的就職典禮也不例外。

從喬治・華盛頓（George Washington）一七八九年四月卅日在紐約華爾街的聯邦大廈就任第一屆總統起，歷經亞當斯（John Adams）、傑弗遜（Thomas Jefferson）、麥迪遜（James Madison）、門羅（James Monroe）與小亞當斯（John Quincy Adams）這些開國元勳，建立起優良民主傳統，最重要的信念就是：總統只是人民公僕，而非高高在上的統治者。

歐洲情形不同。從中古時代起，各國王室互相通婚，沾親帶戚，新王就位時少不得邀請觀禮，成為津津樂道的社交界大事。雖然已是廿一世紀了，法國總統薩科奇前年就職時，布希總統與歐洲各國元首或內閣總理都應邀觀禮，和美國不可相提並論。

依照傳統，美國總統就職典禮必須於元月廿日正午，在國會大廈戶外階梯上搭台舉行。久居華府的人都知道，縱使豔陽高照，氣溫如有攝氏五、六度，就算老天爺保佑了。宣誓就職時，新任正副總統和監誓的最高法院院長站在四周裝有防彈玻璃的台子上，內裝反射電爐，溫暖如春，不怕著涼。觀禮群眾清早去搶座位，在刺骨寒風中枯坐幾小時；因而必需裝備之一，就是扁平型、可以塞進口袋的威士忌酒瓶，喝兩口烈酒，以禦嚴寒。

總統選舉在各州的樁腳數以千計；這些人自認抬轎有功，千方百計地透過參眾議員，索取觀禮請柬，藉以光宗耀祖。兩院本是典禮主辦單位，來者不拒。媒體報導說，就職日雖然還有一個多月，距離華府五十英里以內的大小旅館縱然趁機哄抬價格，每房每晚兩、三百美元起跳，仍然全部訂滿，後至者只能住到更遠的地方去。

既然從不邀請外賓，白宮自然也不會在那晚安排什麼國宴。過去在就職之夜，總有一、二十個團體舉辦就職舞會，算是華府社交界盛事，票價每對夫婦五百美元起跳。新總統夫婦通常會應邀來講幾句感謝支持的話，甚或跳一支舞，再去趕下一場。

歐巴馬已把就職主題定為「自由的新誕生」。現在還無法猜測在全球都因經濟海嘯窮於應付之時，他會不會偕夫人出席這種歌舞昇平的場合。如果他唾棄出席舞會的傳統，更多美國人會為他鼓掌。

新總統夫婦必定到場的，是在世界第六大的華府國家大教堂舉行的感恩禮拜。請柬與座位安排，均由國會「就職典禮委員會」負責。駐美袁健生代表如要弄張請柬，不成問題。

但無論馬總統在並無邀請的情況下親自出馬，或大力爭取的呂秀蓮前副總統想率團走一趟，即使能出席「祈禱早餐會」或感恩禮拜，也不見得能和歐巴馬有握手的機會，更別提深談了。道理很簡單：無論就加強台美非官方聯繫評估，或更廣義地從美中台三角關係著眼，都會徒勞無功。

馬英九對美國的瞭解，遠超過歐鴻鍊部長。他自然知道，在就任中華民國總統後，美國考慮與北京錯綜複雜的雙邊關係，除過境時給予尊嚴、舒適與方便之外，不可能准許他到華府或其他大城市訪問。但美國已表示將放寬高級官員來台的限制，也會允許我國部長級官員藉開會或其他名義和美國對等人員接觸。類此默默進行的往來，遠較派個不請自來的祝賀團去參加歐巴馬就職典禮，更有意義，也更有收穫。

辦外交不需要去擠熱鬧、湊興致，必須倚靠長期無聲的耕耘，積點滴為溪流，清晰瞭解對方國家利益與得失之間的考慮，尋找雙方都能接受的道路。更不需要敲鑼打鼓，讓別人知道我來「爭取」你的友誼來了，只有外行人才會做這種得不償失的傻事。

總統日理萬機，無暇過問別人替他安排的日程細節。兩週前偶見電視報導，他出席了一個所謂「祈禱早餐會」。這本是美國總統就職慶典中的一個節目，台灣從無前例，令我警覺到這恐怕是對美國全無瞭解者做出的安排，為派團去慶賀歐巴馬就職鋪路。如果真是如此，我期期然以為不可。

六、APEC峰會有何成就

（原刊九十七年十二月一日《中國時報》時論廣場）

上週在祕魯首都利馬舉行的亞太經濟合作論壇(Asia-Pacific Economic Cooperation, APEC)高峰會，因為連前副總統以領袖代表身分前往，有突破性意義，還再度與胡錦濤有會外會，媒體一窩蜂地趕去採訪。我納悶的是，怎麼沒一個記者懂西班牙文？以致電視上只看見膚淺的介紹異國風光的導遊短片，各報對峰會本身討論的重點，更缺少有系統的報導。

事實上，高峰會共發表兩篇共同聲明。其一是十一月廿二日公布的「對世界經濟情勢的評估」，其二是廿三日會議結束後的「對亞太地區發展的新承諾」。兩者都以全體出席領袖名義，對全球經濟海嘯有深入分析，並提出對策。

第一篇開宗明義就點明，APEC第十六屆領袖會議的主要任務，即在研討當前全球金融危機，並規畫各會員經濟體個別與集體所能採取的行動，以使亞太整個地區能恢復經濟成長。

他們也不敢亂開支票，但謹慎地預告：各國業已採取緊急與特別行動，穩定國內金融市場，加強消費與國內投資，保證中小企業能獲得足夠資金紓解困境，同時整頓金融控管制度，加強銀行管理機制，希望在十八個月後，能安渡難關。換句話說，APEC領袖們承認還要熬過一年半的苦日子，才有撥雲見日的希望。

就國際金融體系而言，他們贊同上月召開的 G–20 峰會的結論，認為國際貨幣基金 (International Monetary Fund, IMF)、世界銀行 (World Bank Group, WBG)、亞洲開發銀行 (Asian Development Bank, ADB)、美洲開發銀行 (Inter-American Development Bank, IDB or IADB)、其他多邊性開發銀行乃至「國際金融機構」，都應對此次金融風暴受創各國及時伸出援手，呼籲所有會員經濟體，在各自許可下盡力而為。

第二篇以全體出席領袖名義發表的聲明，長逾四千字，基本上遵循一九九四年在印尼茂物通過的「區域經濟整合」路線，期望有一天能達成「亞太自由貿易區」的遠景。在短程方面，聲明強調金融體制改革的重要性，將以今年八月各經濟體財政部長級官員在澳洲墨爾本開會所得結論為基礎，研究實施。

APEC 還有許多重要的附屬機構，如「企業諮詢委員會 (APEC Business Advisory Council, ABAC)」，辜濂松等隨同連戰前往，就是要參加 ABAC，藉機與各國企業界領袖聯繫感情，尋求合作機會。卻因媒體炒作辜仲諒返國未遭羈押，以一億元保釋的新聞，掩蓋掉他為何僕僕風塵，遠赴祕魯的目的。

北京自然是這次 APEC 峰會的明星，各國領袖搶著要和胡錦濤單獨會晤，不少人失望。單獨接見連戰，算是給足面子了。正式晚宴時，胡坐在祕魯總統賈西亞 (Alan Garcia) 左手，布希只能屈居右手。胡是先到華府出席 G–20 高峰會，繼而訪問哥斯大黎加與古巴，才到祕魯。APEC 峰會結束後，又到歐洲訪問希臘，得意之情，溢於言表。

北京外交部網站有胡錦濤在 APEC 峰會演講重點，分為區域經濟一體化、人類安全與氣候變化三個重點。前兩項雖涉及亞太自由貿易區和四川大地震，都已耳熟能詳。倒是第三項全球暖化問題，胡提到「雪梨宣言」，說中國政府已制定《應對氣候變化國家方案》，在二〇一〇年將單位國內生產總值的能源消耗量在二〇〇五年的基礎上，降低二〇%，而把可再生能源的比重提高到一〇%，森林覆蓋率也提高二〇%。這麼大的口氣，我們且拭目以待，看大陸能否做到。

今後 APEC 的重要性將與時俱進，台灣如何善用此一平等待我的國際組織，就看政府主管大陸與外交部門的能力了。

七、另眼相看歐巴馬

（原刊九十七年十一月廿四日《中國時報》時論廣場）

歐巴馬當選第四十四任美國總統還不滿三星期，離宣誓就職日期尚有五十七天。我觀察美國政治超過半世紀，今天必須承認：他當選以來處事的冷靜穩健，和領導統御手段之高明，使世人對這位打破兩百多年傳統的首位黑人總統，有刮目相看的必要。

儘管國力大不如前，美國總統仍是全球最有權力、最受人注視的世界領袖。僅就政權輪替、新舊交接而言，他需要提名將近七千位各部會二級以上主管，包括一百八十幾位駐外大使，送經參議院審議通過後，再由總統正式任命。歐巴馬交接辦公室 (President-elect Obama's Transition Office) 備就長達六十幾項巨細靡遺問題的表格，內容無所不包，台北報紙已有詳盡報導，無庸贅述。

我覺得最好玩的，是華府那批政客們自我吹噓的手法，和歐氏冷眼相看、不理不睬的態度。還記得嗎？兩週前美國媒體盛傳，以環保英雄自命、獲得去年諾貝爾和平獎的前副總統高爾 (Albert Arnold Gore, Jr.) 是新任國務卿的熱門人選，台北報紙也跟著起鬨。我暗地竊笑，因為那是斷無可能的事。過了幾天，前民主黨副總統候選人麻州參議員凱利 (Senator John F. Kerry) 如法泡製，各國媒體炒了幾天，同樣地無疾而終。

沒人知道上星期歐巴馬和希拉蕊 (Hillary Rodham Clinton) 見面，談的是什麼事。雖然 CNN 甚至《曼徹斯特導報》(*The Guardian*) 都猜測她被邀出任國務卿，我仍有點懷疑。這幾天盛傳，本週四美國感恩節那天，謎底就會揭曉。華府的笑話是：如果她當上國務卿，「一份薪水雇了兩個人」。我也相信希拉蕊會入閣，但可能是環境保護部長之類。理由很簡單，歐巴馬不喜歡她的丈夫柯林頓 (Bill Clinton) 前總統。

歐氏守口如瓶，表示他瞭解美國政治的不成文傳統：任何時間美國只有一位總統。他去白宮拜訪布希，所談都是國家面臨的經濟危機和國際挑戰，出門後任憑媒體追問，他沒說一個字。換成高爾或凱利，一定會大談抱負。由小見大，也增加了我對歐巴馬的敬意。

自然，歐巴馬去白宮拜訪布希，和他太太蜜雪兒（本名 Michelle LaVaughn Robinson）帶兩個女兒瑪栗亞 (Malia，請注意非 Maria) 和莎夏 (Sasha) 去拜訪布希夫人蘿拉 (Laura Lane Welch Bush) 完全是兩碼事。瑪栗亞是夏威夷語，而莎夏源自俄文，取這種名字，顯示蜜雪兒的國際觀與歐巴馬相較有過之而無不及。她關心的問題從兩個女孩該進什麼學校，到她們該睡在二樓哪兩間臥房，無可厚非，愛挑毛病的美國媒體也未見任何批評。

真正值得鼓掌的，是歐巴馬正視世界經濟風暴的態度。他公開支持布希總統搶救美國汽車製造業的主張，因為該業三大龍頭——通用 (General Motors)、福特 (Ford) 和被德國寶馬 (BMW) 買下的克萊斯勒 (Chrysler)——如因虧損累累倒閉，將使國際金融海嘯的波浪更難阻擋。他儘可反對布希的其他政策，卻全力支持後者搶救當前爛攤子的行動，這就是政治家風度。

就對外關係而言，我發現歐巴馬一直被誤認為「鴿派」，其實他是十足的「鷹派」。從他打電話道謝各國領袖祝賀他當選的順序，就可看出端倪。第一天他先打給最親密的盟邦如法、德、英、日、澳洲等。到第四天才打給中、俄兩國，正是毛澤東所謂「既合作、又鬥爭」的兩手策略。觀察他的外交政策，有兩塊試金石：他會不會全力支持喬治亞（Georgia）對抗普丁，同時支持烏克蘭加入北大西洋公約組織（North Atlantic Treaty Organization, NATO）。我猜測兩者都會有正面的答案。

這場歷時廿一個月、美國史上最艱苦的選戰開始時，歐巴馬曾在去年七、八月號的《外交事務》(*Foreign Affairs*) 雙月刊上，發表過〈重振美國的領導地位 (Renewing American Leadership)〉一文，作為他對全體美國人的號角 (clarion call)。細讀該文，主旨是即使伊拉克戰事結束，美國非但不應從世界舞台上撤退，反該爭取軍事、外交和道德的主動權，迎接新挑戰，把握新契機。美國雖不能獨力應付廿一世紀的種種難題，但如無美國通力合作，世上其餘國家將更無法應付。

十五個月前此文問世時，沒有人想到今天全球會面臨空前的經濟海嘯。歐巴馬在文中主張擴張美國軍事實力，營造共同安全，制止核武擴散，追殺恐怖分子，加強與盟國關係，發展替代能源，幫助世界各國的民主發展。他承諾如果當選，到二〇一二年時將年撥五百億美元專做援外用途。口氣如此豪邁，說不定真能做到該文結論的希望——恢復美國人對自己的信心 (restoring America's trust)，我們衷心期望他成功。

八、G–20峰會有何成就？

（原刊九十七年十一月十七日《中國時報》時論廣場）

上週五、六兩天，應布希總統的邀請，所謂世界上最有錢的「廿國」元首、財政部長及經濟組織領袖在華盛頓開了兩天會，討論金融海嘯與世界經濟問題。它們也不都是主權國家，因為第廿名其實是歐盟。台灣媒體雖有零星報導，只見樹而未見林。

G–20創立至今還不滿十年。它是一九九九年九月廿五日，在G7財政部長會議時，為了研討如何改進、甚或改造國際貨幣基金與國際重建開發銀行（全名International Bank for Reconstruction and Development，簡稱IBRD或世界銀行World Bank）這兩個國際金融機構，因而設立的。

一九四四年成立這兩個附屬於聯合國(United Nations, UN)下的國際金融機構時，二次大戰尚未結束。那年七月在美國新罕布什爾州的Bretton Woods召開，簽署的協定就叫做Bretton Woods Agreement。因此這次G–20會，被媒體稱為Bretton Woods II。

西班牙二戰時附從德國，瑞士則保持完全中立，這次均未被邀，但理由難以服人。因為當年敵國的德、日也都被邀了。打開天窗說亮話，是布希總統不滿西班牙總理Jose Luis Rodriguez Zapatero一上台就下令一千三百名西班牙軍隊從伊拉克全部撤回，所以故意把西國排除在外。

鑑於金融風暴席捲全球，這廿國的元首或總理全體出席，依英文國名首字母排名為序：阿根廷、澳洲、巴西、加拿大、中國、法國、德國、印度、印尼、義大利、日本、南韓、墨西哥、俄國、沙烏地、南非、土耳其、英國、美國和歐盟。此外聯合國祕書長、IMF 執行長與 IBRD 行長也都列席。

十一月七、八兩天，G–20 的中央銀行行長在財政部長率領下，先在巴西聖保羅 (Sao Paolo) 開會，發表了「中央銀行聯合聲明 (Joint Statement by Central Banks)」，作為高峰會的預備文件。內容具體，列舉各國央行已採取的降低利率行動；其中以美國公開市場委員會 (Federal Open Market Commission, FOMC) 將利率降到只剩一釐半最為突出。

十四日晚，布希總統在白宮設宴歡迎各國總統或總理，台灣有些電視台曾轉播簡短畫面。高峰會最重要的結果，是白宮事後發表長達十頁的「高峰會關於金融市場與世界經濟的聲明 (Statement of the Summit on Financial Markets and the World Economy)」，內容明確，列舉病根所在，詳述改革計畫，不知專業性報刊會不會譯刊全文。

從聲明的各大段標題，可以看出 G–20 討論決定的解困方向：當前危機的起因；已採取與將採取的行動；改造金融市場的共同原則；各國財政部長與專家必須於明年三月底前完成的工作；重申對全球性公開市場的承諾；實施各項改造原則的行動計畫；分短程與中程加強市場透明性與負責性；如何改進市場管理，包括短程與中程修改現行法律與規則；加強對金融市場的監督，也分出短程與中程計畫；以及從上至下，一系列應採取的預防銀行風險計畫。

造成這次金融海嘯原因之一，是市場管理不當，毛病百出。高峰會聲明因而強調各國金融市場必須自律負責，列出明年三月底前應完成的工作，包括徹查洗錢與其他不法行為。最後也最重要的，是如何加強國際合作，首先就是改造國際金融機構，尤其是六十幾年前成立的IMF和IBRD。布希總統晚宴中也說：

「我們不能用二次大戰時成立的機構，來應付廿一世紀的問題。」

從這篇聲明裡，我才初次知道G7下設有個「金融安定論壇(Financial Stability Forum, FSF)」。它的主席義大利籍的Mario Draghi這次也受到邀請，與聯合國祕書長潘基文、IMF執行長Dominique Strauss-Kahn與IBRD行長Robert B. Zoelick平起平坐，可謂殊榮。

大陸胡錦濤主席這次出席G–20峰會，晚宴時坐在布希左手，各國元首總理都尋求與他單獨晤談，當然是因為胡掌握了超過兩兆的外匯存底。北京國務院發言人秦剛卻低調處理，在例行記者會上，他只承認中國兩年前已把IMF的股份從二・九八％，提高到三・七二％，不肯透露確實數字。但若是以美元計，恐怕超過十位數字了。

IMF網站上，股份超過中國的有：美國一六・七％，日本六・二％，德國五・八八％，法國與英國各四・八六％，大陸排名第六，傲視其餘一七九個會員國，是該持盈保泰，等別人來求它了。

九、巴士底監獄的歷史　扁可知

（原刊九十七年十一月十二日《聯合報》民意論壇）

陳前總統昨天早晨在特偵組外舉行記者會，突然引用一七八九年法國大革命導火線的攻打巴士底監獄(Bastille)事件，裝出一副慷慨赴義的模樣。休說年輕記者不懂這段史蹟，站在他身後的前朝官員，從陳唐山到黃慶林，恐怕也沒人瞭解法國國慶日的由來。

沒錯，路易十六 (Louis XVI) 時代的法國，為打擊世仇英國，幕後祕密支持美國獨立戰爭，以致國庫空虛，頻頻加稅。只有交不出錢的窮苦老百姓才會被抓去坐牢。但那年七月十四日，在巴士底監獄裡其實只關了七名犯人，起鬨攻打的人民也不到一千人。守衛監獄的軍隊共僅一百十四人，當場只死亡一人；據說衛兵投降後，有七、八人被殺害。在進攻時喪生的暴民，則達九十八人之多。

推翻封建王朝，建立世界上第一個以「自由、平等、博愛」為口號的民主共和國，就這麼簡單嗎？當然不是。另外一個重要因素，是同年六月，路易十六曾特准納稅的小資產階級（即所謂布爾喬亞，法文bourgeoisie）組織的「國家議會」。從六月到七月中，巴黎動盪不安，國家議會趁機自行擴充職權。中產階級的工商人士則自行組成「國家衛隊」，佩戴藍、白、紅三色的胸帶，這就是今天法國國旗的由來。人民在攻打巴士底監獄時所唱的「馬賽曲」，從此變成法國國歌。

請問前述這段法國革命史，和他的貪汙、洗錢，有什麼關連？老百姓的眼睛是雪亮的，阿扁昨天那番話，只能騙騙小孩子和死忠的獨派。

綠營官僚中，也有少數曾留學歐洲，回來坐享優厚俸祿，甚至再被派去做大使級代表的人。他們如敢站出來為阿扁的信口胡言辯護，我願意和任何一位在討論節目上公開辯論，讓觀眾來評判誰有理。

十、中美台新三角關係

（原刊九十七年十一月十日《中國時報》時論廣場）

美國大選結果，黑人出頭天，震驚全球。從美國本身觀點出發，它顯示歷經二百卅二年後，這個世界上最早的民主國家仍然有足夠朝氣與理想，能衝破傳統，自我更新，令人豔羨。

上週本欄估計：兩位候選人的得票差距，應僅在二兩個百分點左右，結果我眼鏡的碎片掉得滿地都是。最後官方數字顯示，歐巴馬獲得六千五百一十八萬二千六百九十二票，或總票數的五二・五％；麥肯（John McCain）則拿到五千二百廿一萬二千零卅二票，或總數的四六・二％；此外黎巴嫩裔、近幾次大選每役必與的奈德（Ralph Nader），因為他以保護消費者權益為終身職志，也獲得○・五％。

這次不但是美國歷史上最慘烈的競選，也是最浪費的一次。麥肯募款落後，如連政府補助在內，共支出五千七百廿一萬二千零卅二美元，他自己每張票要花一百六十二美元。歐巴馬更不像話，他募到大批捐款，因而並無補助，總開支六千五百一十八萬二千六百九十二美元，亦即每張票是拿三百六十四美元的廣告換來的。

不管怎樣，塵埃既已落定，對台灣而言，最關心的是中美台三角關係，以及明年元月廿日後，歐巴馬新政府對美台雙邊互動的態度。美國以研究遠東為專業的智庫、專家學者、乃至退休官員，都紛紛發表文章，部分確有真知灼見；更多的則是希望引起「歐巴馬交接辦公室」的青睞，希望謀得一官半職。

前一類可以曾任美國常駐聯合國代表、現為亞洲學會（Asia Society）主席的郝爾布魯克（Richard Holbrooke）為代表。他早在投票前就在紐約「外交關係協會（Council on Foreign Relations, CFR）」發行的《外交事務》雙月刊寫了〈下屆總統的挑戰（The Next President: Mastering a Daunting Agenda）〉長文，詳細分析在撰文時，還不知道誰會得勝那位候選人將遭遇的種種困難。

郝爾布魯克也是最可能的國務卿人選。至於現任CFR會長哈斯（Richard N. Haass），雖曾任國務院政策局長及布魯金斯研究所（Brookings Institute）副所長，但因曾在老布希總統白宮服務，血統不夠純淨，不為歐氏外交政策顧問布里辛斯基（Zbigniew Brzezinski）所喜，脫穎而出的希望因而不大。

後一類可舉台灣大家都熟識的Ralph A. Cossa為代表。他本職就是華府智庫「戰略與國際研究中心（Center for Strategic and International Studies, CSIS）」在夏威夷的「太平洋論壇（Pacific Forum）」主席。選舉過後第二天，他迫不及待地在該論壇網站刊出、並向全球分送了一篇〈給歐巴馬總統有關亞洲政策的忠告（Advice on Asia Policy for President-elect Obama）〉。其實內容毫無新意。我收到時，文前被責任編輯加注了「來稿未受邀請（unsolicited）」一字，大概連他部下都看不慣這種明顯的吹拍手法。

其實歐巴馬最不缺少的就是外交事務顧問。華府流行的笑話是：競選時他幕中已有三百位熟悉外交的各類退休官員與專家學者，現在不過又增加了二十倍而已。依據一週來我看到的最新資料，歐氏就職後仍將蕭規曹隨，除批評布希政府顢頇無能外，政策的變更少而又少。

有關東亞，歐氏一面強調中國與印度的崛起，另一面仍認定美日同盟為本區美國政策的基石。對於大陸，他當然客氣異常，祝賀中國經濟尤其內銷部分保持快速成長。他也恭維大陸在朝核六邊會談的貢獻，期待北京在防止伊朗發展核武與阻止蘇丹(Sudan)屠殺達富爾(Darfur)人民，能多盡些力量。他也希望大陸能再向民主與人權移動，中南海的主人聽了恐怕不會太高興。

台灣人最關切的兩岸關係，歐氏除重申仍將遵行「一個中國」政策，與美中兩國間數項公報，信守不移外，照例也說他也會遵守「台灣關係法」。最關鍵的兩句話是：「在此基礎上，美國應該加強與台灣政府官員的溝通管道；我們也應該繼續供應台灣嚇阻可能侵略所需的武器。(On that foundation, the U.S. should strengthen channels of communication with officials of the Taiwan government. We should continue to provide the arms necessary for Taiwan to deter possible aggression.)」

讀者如果曾細嚼郝爾布魯克在《外交事務》雙月刊那篇洋洋灑灑的文章，就會注意到他在一萬餘字裡，不曾提到東亞，更別說兩岸關係了。美國新政府樂見二次江陳會能在台北舉行，恢復辜、汪棄世後中斷十三年的兩岸接觸。美國的餐盤上早已堆滿各種難題，只要台灣海峽不爆發什麼爭端，華府就心滿意足了。

十一、圍城走調　蔡主席賠誠信

（原刊九十七年十一月九日《聯合報》民意論壇）

民進黨的「圍城」，看電視拍攝的現場實況：暴力囂張的程度，「怵目驚心」尚不足以形容。

三日蔡英文主席發表題為〈向台灣人民報告：我們為什麼不歡迎陳雲林〉的文章，我很認真地讀了一遍。讀到她最後結語「這是我唯一的要求，也是我唯一的命令」，最直接的感覺，她不但缺乏自信心，更缺乏領袖氣魄。這麼聰明的人，怎麼會不自覺地流露出如此不安定感？不免令人懷疑她自己所寫的「民進黨黨員不管任何時候、狀況，一概不准使用武力」，能有多少效果。

現在大家才知道：蔡主席早在十一月三日，就曾親向國安局長蔡朝明保證，這次圍城遊行會「和平理性地進行」。五日清晨，馬總統親自主持會議，由王卓鈞署長報告後，批准民進黨遊行申請。申請書上簽名的雖是該黨中央黨部特別助理，所有責任當然應由蔡英文一肩扛。

蔡英文的辯白是，走向圓山抗議的群眾是「自主參與」，不是民進黨動員的。但即使如此，進攻晶華酒店的那一股她總該指揮得動吧。只要打開電視的人都看得一清二楚。把責任推到稱黑道滋事，完全無法自圓其說。

人民對馬英九這次的表現或許有兩極化的評價，但蔡主席卻受創嚴重，五成三的民眾不滿她的領導形象。《聯合報》民調反映了台灣民眾的意見。

政治領袖最重要的條件就是誠信二字，承接後扁時期民進黨的人，必須建立與人民的互相信任感。蔡主席現在已經賠掉了信任，我不知道她怎樣才能重樹在黨內的權威，進而贏回廣大人民的認同，第一步恐怕得先找回她自己的良知。

十二、美國大選誰勝誰負？

（原刊九十七年十一月三日《中國時報》時論廣場）

《讀者文摘》選擇世界上若干國家，測驗外國「意見領袖」對美國大選誰勝誰負的看法，台灣是其中之一。上週該誌在紐約宣布：台灣有八〇％的人認為歐巴馬會贏。我要承認：九月十二日曾接到該誌中文版編輯張青女士的電話訪問，所以我的意見應該屬於那剩餘的二〇％之內。明天就是美國投票日了，依照往例，台北在星期三清晨可能知道鹿死誰手。

職業外交官看外國總統選舉，與該國人至少有兩點不同。

第一，他可以保持完全中立和客觀，沒有什麼個人好惡的問題，更沒有愛不愛美國的因素混雜其間。

第二，他從多年實務經驗早已體認，維護本國的最高國家利益，是各國唯一的考慮。台灣如仍有人認為共和黨比較討厭陳水扁，或民主黨比較不喜歡馬英九，這種人若非頭腦不清楚，就是思想有問題。

張青和我早就認識，那天談話時我告訴她：在美工作或居住廿餘年後，個人意見認為兩人當選機會幾乎相等，勝負難以預測。我所舉的客觀理由如下：

一、美國民意固然如流水，不斷變遷，但仍有脈絡可循。

廿世紀中葉，女權運動崛起，所有就業領域都被女性攻占。美國人今天可以接受一位女性總統，只看希拉蕊幾乎獲得民主黨提名，便是明證。希拉蕊的鋒頭如今被裴林 (Sarah Palin) 繼承去了。原對希拉蕊死忠的支持者，可能會把神聖的一票改投裴林，給歐巴馬看看顏色。

二、非裔當然清一色會投給歐巴馬，在動員黑人選票上，有名的電視訪談節目主持人歐普拉 (Oprah Winfrey) 和前參謀首長聯席會議主席、後任國務卿的鮑威爾 (Colin Powell) 兩人的支持都有很大作用。但也不要忘記，美國的人口統計 (demographics)，近卅年已發生基本變化。依照美國人口統計署 (US Census Bureau) 資料，二〇〇〇年普查時，總人口中非裔占一二・三％，拉丁裔 (Hispanics or Latinos，注意此與膚色無關，純白種人或土人只要操西班牙語，都算拉丁裔) 已有一二・五％，相差無幾。到二〇〇五年，非裔稍微成長到一二・八％，拉丁裔人則達一四・四％。

非正式資料顯示拉丁裔人口可能高達一八％。這些人全都是非法入境的，國會雖曾通過大赦令，僅少數看得懂英文的人曾取得合法居留權。

CNN 報導過，拉丁裔社團正在努力替不知本身權益的族人辦理選民登記，今年參加的投票者勢將打破歷史紀錄。美國人口上月底已超過三億零五百萬人，拉丁裔的四千幾百萬票，勢將掩蓋掉非裔的總票數。

三、從保守主義的地盤去分析，美東的自由主義派加上非裔，在美國仍居少數。

美國真正的國家潛力是中西部那一大片土地，從伊利諾州向南有密西西比，向西則從明尼蘇達開始，愛荷華、密蘇里、阿肯色、路易西安那，更往西則有北達科達、南達科達、內布拉斯加、堪薩斯、奧克拉荷馬以及德州；再向西則有蒙大那、懷俄明、科羅拉多、新墨西哥、愛達荷、內華達、猶他和亞利桑那。這一大片約占全美三分之二的土地，都是保守主義的天下。只有太平洋岸的華盛頓與加州兩州，才有自由主義派生存的餘地。

四、從雷根 (Ronald Reagan) 時代起，美國政治大體受保守派操縱。中間雖有卡特 (Jimmy Carter) 和柯林頓兩位民主黨總統，一位來自喬治亞州，一位來自阿肯色州。兩人都很討厭華府的政客群 (the establishment)；他們最多只能被稱為民主黨改革派。沒有錯，傳統上美國自由主義的根據地是東西兩岸，從《紐約時報》(*The New York Times*)、《華府郵報》(*Washington Post*) 到紐約市《村聲》(*The Village Voice*) 一類的自由派報刊，都已公開支持 (endorse) 歐巴馬。但還有人記得它們八年前曾支持前副總統高爾，四年前又支持過凱利參議員與小布希競選總統的結果嗎？

五、美國還有一個族群，影響力遠超過其人數，就是猶太裔人。他們對歐巴馬不滿意之處，在於歐氏競選總部有許多位外交顧問心中都討厭以色列，暗地對巴勒斯坦示好。被猶太人控制的書報期刊集中火力攻擊後，最受質疑的 Robert Malley 和 Samantha Power 兩人已經被迫辭職。但以兩位前白宮國安顧問布里辛斯基和雷克 (Anthony Lake) 為首的一群人，包括參與凱利競選時的首席外交顧問 Susan Rice 等人，甚至曾任巴勒斯坦解放組織 (Palestine Liberation Organization, PLO) 發言人的 Rashid Khalid，至今仍留在歐氏身傍，對歐巴馬當選機會肯定有負面影響。

我的結論是，投票結果雖然無從預測，票數一定非常接近，不會有民調那麼大的差距，可能只一兩個百分點而已。

十三、內閣改組前　應該先改造

（原刊九十七年十月廿七日《中國時報》時論廣場）

新政府就任才五個多月，媒體「愛之深，責之切」，因而從總統個人特質到整體施政效率，被批評得體無完膚。「九萬兆」前兩位是人民投票選出來的，儘管有六七％的人對新政府施政不滿意，今後三年半內地位不會動搖。我很佩服劉院長敢作敢當的精神，遇民進黨立委為反對而反對時，他總毫不畏懼，該頂回去時就頂回去。放眼國內，還很難找到第二位如此有風骨的閣揆人選。

但隨著媒體批評聲日益高漲，據說高層也在思考今年年底前，內閣是否需要部分改組，回應廣大民眾的意願。本文無意指指點點，認為哪位部長不適任或輿情不佳。反之，我覺得行政院在改組前，應該先加以改造。理由很簡單：全世界沒有一個國家的內閣，有我國行政院人數那麼多、效率那麼低，而且組織那麼散漫不合理的。

國父的五權憲法，合不合時宜是另一問題，其架構卻很明確。譬如考試院下設考選部和銓敘部，用意在確立一個嚴守中立的文官制度，不受行政部門左右。但早在陳誠副總統兼任行政院長時，為派任高級官員，嫌公文往返耗時費日，在行政院下設立人事行政局，從此考試院變成事後追認行政權「先斬後奏」的附庸，原意盡失。到扁政府時，賣官鬻爵更成為常態。這些現象不能只怪罪一人，國民黨與民進黨都難逃責任。

我國的行政院組織，比世界上任何國家內閣人數都多出許多。美國開國時，華盛頓的內閣只有四位閣員。到今天也才廿七人，裡面只有十五位部長，稱為Secretary，僅司法部長(Attorney General)例外。其餘包括白宮幕僚長、參謀首長聯席會議主席、新設立的全國情報總長、司法部調查局長、中央情報局長、白宮國家安全顧問、貿易談判代表(USTR)與主管預算及人事的一級首長。電視上常看見布希總統召開內閣會議，一張狹長的會議桌，面對面坐的人站起來伸出手可以握到。反觀我們行政院院會使用的會議室，大而無當，院長看不清楚兩邊誰坐在哪裡，所有人講話都要用麥克風，其他國家的人會覺得不可思議。

歐洲各國歷史比美國悠久，它們的內閣比美國還精簡。雙首長制的法國，內閣會議由總統主持，閣員僅十五人。德國總統是虛位制，總理召集的內閣會議(Bundeskabinett)也只十五人。英國下議院開會，前排坐在首相兩旁的就是內閣全體，人數在廿二人至廿六人之間，統以the Right Honourable相稱。對面反對黨席位坐在前排的人數也相當，即所謂影子內閣(shadow cabinet)。邱吉爾(Winston Churchill)主張內閣人數越少越好，他發明了「資淺部長(junior ministers)」一詞，把閣員分成兩級，年薪比資深閣員要少三分之一。日本抄襲唐代中央集權的官制，所以把各部叫做省，這也是中文「行省」一詞的由來。內閣(naikaku)在首相之下共設十一個省，如外務省、大藏省等。唯一例外是防衛廳(Self-Defense Agency)。南韓也只有十三位部長，加兩位國務委員，一共才十五人。

我國行政院開院會時有多少人呢？有四長（院長、副院長、祕書長、副祕書長）、八部（內政、外交、國防、財政、教育、法務、經濟、交通）部長與二會（僑務、蒙藏）委員長、六位政務委員、中央銀行總裁、十七位主任委員（研考會、經建會、金管會、陸委會、中央選舉委員會、農委會、國科會、原子能委員會、勞委會、公平交易委員會、文建會、公共工程委員會、原住民委員會、客家委員會、體育委員會、退除役官兵輔導委員會、青輔會）、三位署長（衛生署、環保署、海巡署）、兩位直轄市長（台北、高雄）、主計處長、人事行政局長、新聞局長、還有故宮博物院院長。總計四十七人之多，穩居世界第一。

院會所討論的議案，與出席者九〇%以上毫無關連，徒然浪費人力與資源，應該大刀闊斧地改革，先提出兩項原則：

首先，嚴格區分行政部會(administrative departments)與獨立機構(independent agencies)。如中央銀行或中央選舉委員會既屬此類，其首長經立法院同意後任命，只應依法執行職權，不必聽從閣揆命令，但仍可透過磋商解決問題。以央行彭淮南總裁為人推崇的學識經驗，他縱使不列席院會，不會影響到政府應付全球經濟危機該做的事。

其次，更重要的是廿一世紀已過了八年，台灣必須順應世界潮流，使政府組織趕上時代，真正發揮效能。行政院之下現有各部會，該合併的就予以合併，減少政出多門的現象；但該擴充的也應擴充，以適合時代需要為唯一考慮，不必顧忌批評。因此，我建議：

*內政部改為「內政與國土安全部(Ministry of Interior and Homeland Security)」，海巡署長本無列席院會必要。將海巡署併入該部後，地位與警政署、移民署相等，比較合理。

*外交部更名為「對外關係與貿易部(Ministry of Foreign Relations and Trade)」，把經濟部國貿局、僑務委員會與新聞局國際宣傳部分都合併進去。對外經貿談判與保護僑民本就是外交官的職責。美國有此先例，原先的美國新聞總署(USIA)併入國務院後，增設一位副國務卿，專管宣傳。外交部可增設兩位副部長，分別主管經濟與國際宣傳，從這兩單位找人，就不會被罵了。至於現在列席院會的「北美事務協調委員會」

和「亞東關係協會」，本來就不應該坐在行政院會議室，這類早無作用的白手套，正好藉此機會裁撤掉。

＊經濟部與經建會合併，改稱「經濟發展部 (Ministry of Economic Development)」，把公共工程委員會、公平交易委員會、消費者保護委員會、甚至行政院研考會皆可併入。

＊主計處併入財政部，仍維原名，掌管預算、歲計與統計工作。金管會業務本來就是從中央銀行硬劃分出來的，應該還給央行，確定它獨立機構的身分。

＊國防部、法務部和教育部的名稱都不動。體育委員會併入教育部。

＊國家科學委員會與原子能委員會合併，改稱「科學技術發展部 (Ministry of Science and Technology)」，經濟部下的工業技術研究院和國防部下的中山科學研究院都併入該部。

＊衛生署與環境保護署合併，改稱「衛生與環境保護部 (Ministry of Health and Environment Protection)」，以照顧全民健康、執行《京都議定書》與研究全球暖化問題為其任務。中央健保局歸該部管轄。

＊設立「族群和諧委員會 (Commission for Ethnic Harmony)」，將蒙藏委員會、客家委員會和原住民委員會併入新機構。

＊農業委員會改為「土地利用與農業部 (Ministry of Land and Agriculture)」，除農業開發外，將內政部主管的地政業務併入。國有財產局掌握的中央與地方所有土地與房產都劃歸該部統一管理開發。

＊勞委會與青輔會合併，改稱「青年與就業部 (Ministry of Youth and Employment)」，主管全國青年的就業輔導、生育補助、乃至人口增加率遞減的問題。

＊退除役官兵輔導委員會改為「榮譽國民部 (Ministry for Senior Citizens)」，除原有任務外，針對台灣急速老年化社會提供各種協助與服務，包括勞保、老人年金等。

＊新聞局更名為「行政院發言人室」，修法時規定任何政府機關不得以公帑作自我宣傳，徹底杜絕置入性行銷的惡習。

＊陸委會保留編制，在陳雲林會長來訪後，雙方可利用各自的「白手套」在對岸設立辦事處，按部就班地根據對等、尊嚴、求同存異等原則，進行兩岸交流。

我瞭解以上各項建議，改變幅度之大，影響單位之多，民國史上亦屬空前絕後。但總要有人把它提出來，才能開始討論，逐漸發酵。希望這篇長度大大超過每週一專欄字數的意見，能起一點野叟獻曝的作用，於願足矣。

（本篇於報章發表時，因篇幅限制，略有刪節。現結集成書，為保存原貌，仍依原稿刊載，責任自負。作者謹註。）

十四、悼夏功權　熱血愛國真英雄

（原刊九十七年十月廿五日《聯合報》民意論壇）

從熱血愛國的空軍英雄，轉型為心細如髮的職業外交官，好友夏功權兄於上週六逝世，享年九十。今晨八時半，黃新平夫人和子女為他在市立第二殯儀館舉行安息禮拜，親朋友好都會去向他最後道別。我與功權兄訂交卅餘年，相濡以沫。他有許多難忘的事蹟，外間鮮少知悉，藉此機會寫出來，為歷史留下小小註腳。

民國八年，夏功權出生於寧波世家，父親早逝。他奉母至孝，李太夫人移居北京，他就讀育英附小，不但奠定英文基礎，也學會一口京片子。那時候的中國仍保持許多舊時代觀念，家中如僅有獨子，可免服兵役。但愛國心強烈的夏功權堅決要當軍人去打日本鬼子，夏伯母終於讓他去報考中央軍校。由於他的英文程度超越儕輩，那時抗戰已開始，他轉入空軍軍官學校，畢業於第十四期。

他告訴過我一個真笑話：空軍飛行員第一次單飛成功後，依照同學間的陋規，必須把三寸多長的飛行胸章放在高玻璃杯裡，倒入威士忌酒，以淹沒那隻胸章為度，然後一飲而盡。有酒膽而無酒量的功權兄，大醉後回到宿舍淋浴，正奇怪為何塗了半天肥皂卻沒有泡沫，低頭一看，才發覺自己沒脫軍服，肥皂都擦到制服上去了。

畢業後被派到美國受訓，又因為他英文好，被留下做教官。功權兄使盡千方百計，才被調回重慶，加入中美混合空軍聯隊，出過許多次危險任務。直到不久以前，他仍是中國空軍退役人員協會所屬的第十四航空隊中方退役人員協會的理事長。每次美國曾參與二戰時中國戰區的空軍老兵來台訪問，都由他出面接待。

政府遷台以後，才是夏功權對國家貢獻最大之時。中美間有祕密合作計畫，他擔任空軍第十二偵察中隊長，飛改裝的RF-86型照相偵察機。有次美方要求的任務，是遠至廣西拍攝鄰近越南的機場。問題在即使把機上所有裝備都拆掉，計算可載汽油重量，仍不夠往返所需。這種形同自殺的任務，功權向我追憶說：「我怎能派任何一位隊員去送死，只有派我自己。」

深入大陸，唯一逃避雷達測到的方法，是以幾乎貼近地面的高度飛行。拍攝照片後，再拉高到兩萬多英尺，一路回台。中共空軍戰鬥機早就在廈門一帶上空等他，這段故事，在高寶出版社一九九五年《夏功權先生訪談錄》裡已有詳細記述。

我和功權兄相熟，是民國六十二年他以大使銜總領事兼駐聯合國事務小組長身分，在紐約四年多期間，成為莫逆之交。

他從來不理會外交部官腔，有次呈部電報措詞激烈，用「坐以待斃」四字。外交部來電斥責。他回電說，那是發電譯碼造成的錯誤，原稿實係「坐以待旦」。我們兩人為此笑了幾天。

卡特總統與我國斷交後，蔣經國派他為首任駐美代表，叮囑他說，此行「忍辱多於負重」。功權兄不負所託，三年任內兩國關係雖然改善許多，但他永遠只打一條黑領帶，表示無言的抗議。美國人也瞭解他的心情，無人曾加指責。

這是我認識的夏功權。不論識或不識，像他那樣熱血愛國的人，今天找不到幾個了。

十五、競爭慘烈的美國大選

（原刊九十七年十月廿日《中國時報》時論廣場）

本篇標題的用字是經過再三考慮的。從一九四四年小羅斯福總統 (Franklin D. Roosevelt) 第三度競選，擊敗杜威州長 (Thomas E. Dewey) 起，這幾十年來的美國大選，我都有近距離觀察的經驗。但從去年初就開始的歐巴馬與麥肯這場廝殺，時間之久與戰況之慘烈，無疑打破了歷史紀錄。屈指算算，離投票日只剩兩星期了，雙方都殺紅了眼，原應是一場「君子之爭 (a contest between gentlemen)」的，現在連最低禮貌都顧不得了。

不但禮貌，最初的競選主軸也早被兩人拋在腦後。還有人記得嗎？歐巴馬競選的最初原因，是反對小布希總統對伊拉克出兵的政策；現在連自由派報紙也隻字不提伊拉克，彷彿根本沒那回事的模樣。

歐巴馬的崛起，是否就此推翻了美國中西部保守派民眾對黑人的偏見？現在還很難說。美國有識之士最不願見到的，就是有「三K黨 (Ku Klux Klan)」之類的極端分子，在選舉前後一槍把他打死。所以美國國土安全部 (Department of Homeland Security) 部長柴托夫 (Michael Chertoff) 早在去年五月，就已指派一組特勤人員，專責保護歐巴馬的人身安全，比派遣給麥肯的早了幾乎一年。

雖有特勤人員保護安全，仍不能防阻極端分子對他的侮辱與詈罵。他全名 Barack Hussein Obama 中間

的那個胡賽因 (Hussein)，原是他養父居住在全國信奉伊斯蘭教的印尼時給他起的。現在正好被反對陣營拿來大做文章，誣衊他是伊斯蘭信徒、賣國賊、甚至恐怖分子。麥肯本人在這點上還能保持風度，但副總統候選人裴林就曾說：「他對美國的看法和你我的不一樣。(He is not a man who sees America the way you and I see America.)」裴林甚至指責他是在前線三軍的敵人。「歐巴馬是伊斯蘭信徒」的訊息在網路上更已到處流傳。

膚色是這次大選無法迴避的問題。老實說，沒有人有答案。美國人或許能接受像希拉蕊那樣的一位女性總統。但他們會接受一位黑人總統嗎？《紐約時報》社論對版專欄作家李奇 (Frank Rich) 上星期有篇分析選戰的文章，他也承認麥肯並非種族主義者。但他舉出共和黨六年來並無一位黑人州長或參眾議員的事實，問道：共和黨在選戰最後一刻，危急存亡之時，能夠自知節制，不打出「種族牌 (the racism card)」嗎？他的結論是：誰也不敢保證。

受到全球金融大海嘯的影響，美國總統選舉的重點也從政治轉移到了經濟層面。媒體開玩笑說，競選主軸已經從歐巴馬皮膚的黑色，改變成美鈔的綠色，現在美國人只關心這場經濟風暴將延續多久，對他本人的職業、年收入、儲蓄和住屋會有什麼影響。

兩位競選人都瞭解這點，儘管他們幕中並不缺少經濟策士，但站在辯論台上，或面對亢奮的擁護群眾時，仍難免用詞不當，甚或語無倫次。我看過兩人所有三場的正式辯論，報導都說歐巴馬占上風。美國媒體人員絕大多數是自由主義信徒，《華府郵報》前天已表態支持 (endorse) 歐巴馬，便是一例。這星期《紐約時報》定會跟進，《洛杉磯時報》(*Los Angeles Times*) 與《基督教科學箴言報》(*The Christian Science Monitor*) 等也不會太落後。

但自由派八年前支持高爾，四年前支持凱利與小布希競爭，都慘敗虧輸。本篇標題用慘烈兩字形容美國選戰，意思就是說這場拳擊戰，兩位選手把手套都扔掉了，扭打成一團。以這三場辯論為例，誰的言辭最犀利，台下的掌聲就越響亮。

歐巴馬的競選主軸是他反對布希總統的政策，麥肯怎麼回應呢？他說：「我不是布希總統，如果你要跟布希競選，你應該四年前就出來和他競爭！」歐巴馬進參議院還不滿四年，民主黨向來被譏為不斷擴充中央政府，大把花錢毫不心痛的政黨。麥肯抓住一般人視民主黨為「花錢的大少爺 (big spenders)」的弱點，質問歐巴馬：「能舉出一個例子，證明你曾和民主黨領袖們意見不同過嗎？」台下人跳起來歡呼，這就是纏鬥得天昏地暗的美國大選行情。

這場惡戰還將持續兩週，慘烈程度對兩黨都會有傷害。台灣是局外人，雙方都得罪不起，只能靜觀其變，不贊一詞。

十六、大遊行變挺扁秀　毛病出在哪？

（原刊九十七年十月廿日《聯合報》民意論壇）

溫文爾雅，講話都不會大聲的民進黨蔡英文主席，哪裡是老奸巨猾如陳前總統的對手？她愈是不敢讓民進黨分裂，就愈被阿扁牽著鼻子走。

高喊「反黑心，顧台灣」的十月廿五日大遊行，原本以抗議陳雲林來訪，兼向大陸抗議黑心商品為訴求。儘管蔡英文獲得黨中央各部門一級主管的同意，絕口不提「挺扁」或「反扁」。但演變迄今，這場活動還是會被陳水扁輕易全盤接收過去，變成他入獄前最後一次蠱惑群眾，把自己塑造成「台獨建國烈士」的戲碼。

大遊行怎麼會變成阿扁的個人秀呢？毛病出在民進黨中常會通過的五路會師上。阿扁雖然說，他只想參加遊行，不演講、不發言，只表示和綠營民眾站在一起，總可以吧！依扁辦說法，他接受南社社長鄭煜邀請，將參加那一路人馬。

任何人都知道：只要陳水扁出現在遊行隊伍中，不論是哪一路，所有媒體焦點肯定會集中在他一人身上。他儘可一言不發，甚至在五路會師後，裝模作樣地婉拒登上主席台或演講車，表示他忠實地履行不搶蔡英文風頭的諾言。他越是謙虛，台下深綠動員來的群眾就會更鼓譟，非要這位行將入獄的前總統上台不可。到時蔡英文的尷尬程度，可以想像。

民進黨辦這次大遊行，其實愚不可言。大陸海協會長陳雲林究竟哪天來台，至今尚未定奪。十月廿五日這個日子，是民進黨自己挑的。海峽兩岸關係協會有百餘名幹部，他們整天讀台灣報紙，聽台灣廣播，看台灣電視，難道不知道民進黨要辦遊行嗎？

民進黨反對馬政府與大陸捐棄前嫌，共謀三贏的政策，並非自今日始。我相信陳雲林會長不會在意民進黨拿他做文章遊行抗議，但他也無須自己送上門，給民進黨利用作宣傳工具。如果他還在廿五日之後來台，只是避免爭議而已。何況他如果十月卅日來，第二天還參加慈湖謁靈，有何不可？

陳這次應海基會董事長江丙坤的邀請，正式訪台，就兩岸關係而言，必然有深遠的影響。因為陳此次來訪的象徵性意義，是接續辜、汪二老在新加坡與上海會晤後，兩岸同等級、同職務的代表，首次在台灣開啟正式會談。

這次歷史性的兩岸會談勢必涉及許多人未曾想過的議題，讓我們拭目以待。

十七、一九二九與二〇〇八有何不同

（原刊九十七年十月十三日《中國時報》時論廣場）

從美國開始的金融風暴席捲全球，已至無法收拾的地步。不止老美，全球各國從經濟學家到普通老百姓都在問：這場好似雪球下山，愈滾愈大的經濟危機，已經證明世界任何國家都不能倖免。它與一九二九年美國經濟大恐慌 (Great Depression) 相較，有哪些不同之處？

七十九年前同樣席捲世界的經濟崩盤，始自那年十月廿四日，史稱「黑色星期五 (Black Friday)」。究竟延續多久，經濟學家各有不同理論。有的將一九三三年小羅斯福總統推行新政 (New Deal) 定位為轉機的關鍵時刻；也有人將一九三七年第二次世界大戰開始，看做美國經濟真正復甦的起始點。

不管何時終止，經濟大恐慌一開始，執世界牛耳的紐約股票市場就暴跌三〇％，此後幾年更連續下跌，慘不忍睹。投資者血本無歸，沒人敢再花錢，其後果是從農產品到汽車的價格都暴跌。究竟是自由市場機制失靈，還是政府措施不當，經濟學家的論戰至今仍無定論。

這場風暴直拖到一九三三年，美國失業率仍高達二五％。銀行業早就撐不住了，僅一九二九到次年十月的一年間，有七四四家銀行倒閉；經濟大恐慌即使只以四年計算，此期間美國總計有九千多家銀行倒閉，存戶所受損失高達一千四百億美元。要知道那時六百元就可買一輛福特牌汽車，一千四百億簡直是難以想像的天文數字。

拿一九二九和今天的金融制度對照比較，不同的地方可多了。首先，那時一名美國人破產，受影響的只有他本人與家屬，和給他房屋或汽車貸款的當地小銀行。現在的金融業絲絲相扣，牽一髮而動全身。「兩房危機」導致雷曼兄弟投資銀行破產，其餘從高盛到美林 (Merrill Lynch) 全部受到波及。儘管布希總統不斷出面喊話，國會破例在休會後週末仍舊集會，通過八千億美元緊急法案，許多人認為可暫時鬆口氣了。然而全球市場不理不睬，繼續下跌，已非美國或任何一國所能控制。

台灣大前天正逢國慶，股匯市都休假，因而逃脫一難。但據跑財經金融的記者透露，兆豐金控受股市影響，九月一個月虧損了九十三億元，郵政儲金匯業公司也賠了六億台幣。十月十日各地股市收盤：美國道瓊 (Dow Jones) 工業指數跌了四五一・九六點；日本有九十八年歷史的大和生命保險公司宣布破產，連累日經指數狂跌九・六二%。香港恆生指數也掉了七・一九%。向來穩健的新加坡和名列金磚四國的印度，也都陷入經濟危機。

歐洲受創更重，冰島銀行破產後，英國火冒三丈，兩國幾乎走到斷交邊緣。僅十月十日那天，西歐受紐約影響，各國股市全部應聲下跌，幅度從七・五%到八・八%不等。歐洲向來以歐盟費四十幾年達到經濟統合，且能使用歐元自豪，現在才發現縱然歐洲有了中央銀行 (European Central Bank, ECB)，仍難逃脫世界性的金融風暴。

美國非主流派的經濟學家已經指出，導致今天亂局的主要原因，正是凱恩斯 (John Maynard Keynes) 學派自由經濟過度發展的反彈。而助紂為虐的則是衍生性金融商品 (derivatives) 坐著全球化快車，迅速進入各國造成的後果。

國際貨幣基金 (IMF) 上星期發布的全球經濟預測，坦白承認當前存在著「世界經濟嚴重下滑 (serious global downward spiral)」的危機。它說，這是「一九三〇年以來最危險的金融震撼 (most dangerous financial shock since 1930s)」，世界各主要經濟體「至少在明年中以前不可能有成長」，最早要到明年下半年，才有逐漸回春的可能。IMF 執行長 Dominique Strauss-Kahn 宣布，他願意對任何急需援助的國家伸出援手，並且已經派專家趕往冰島調查所需，避免冰島政府正式破產。

原定明天才舉行的 G7 財政部長會議，為防堵各國銀行連鎖倒閉，提前改在十一日在白宮開會，布希總統親自主持，表示感謝。除世界銀行行長與 IMF 執行長外，金磚四國的財長也被邀，商討應付空前金融危機之道。我們不必懷抱太高的希望，因為沒有任何仙丹靈藥，能使這場方興未艾的風暴衝擊，在短期內消失於無形。

台灣也不必悲觀。正如馬英九總統在國慶日對全國同胞所說，台灣經濟基礎良好，政府將以鬆綁促成制度改革，以重建強化經濟體質。我國遭受這場金融風暴的程度一定會比鄰近各國為輕，恢復也應該比它們更快。

十八、大老，你犯法了　阿扁，又害人了

（原刊九十七年十月十三日《聯合報》民意論壇）

十月八日，陳前總統在台北地院出庭時自動透露，今年元月吳淑珍向他坦白，有資金在海外被凍結。陳立即在二月三日找來民進黨大老吳澧培，說有人捐了一筆錢支持「國際外交事務」，他因為信任吳澧培，要交給他全權運作。吳向扁建議，美國對資金管制很嚴，以五十萬美元以下分筆匯入較為妥當。於是吳提供了四個帳號，二月廿二日接到銀行通知，收到匯款一百九十一萬八千美元。

阿扁自動爆料後，吳澧培也完全承認以上事實。吳還告訴媒體，這幾個月來，他已經寫過一篇有關美國承認台灣有何好處的文章，在美國政界廣為宣揚；又去了兩趟美國，就這個主題，找一些有影響力的人物對話，其中包括現在競選陣營中的明日之星。

但我想吳澧培先生恐怕不知道，他已經觸犯了美國從一九三八年就有的「外國代理人登記法（Foreign Agent Registration Act）」；還可能違反了源自一九四六年，又在一九九五年大事翻修的「遊說登記法（Lobbying Disclosure Act）」，這可是賴也賴不掉的罪名。

美國法律看似寬疏，實際卻很嚴密。我一九六三年奉派駐美，以華府大使館參事名義兼駐紐約新聞處長，兩年後加了公使銜。照理說既具正式外交官身分，無須辦理外國代理人登記。但我的前任倪源卿為免

得美國司法部或調查局來找麻煩，一直依法登記為外國代理人，我只好蕭規曹隨，依樣畫葫蘆。

所謂「外國代理人」者，意指此人代表美國以外的任何國家，要想在美國境內宣傳任何事情，必須先向司法部辦理登記，才能開始活動。他雇用的人員、經費、工作項目與一切活動，每半年一次須列表報告司法部。所有分發的資料，包括新聞稿、書刊雜誌、錄音帶、CD、電影片，也都要附送司法部備查。如有申報不實或逾期未報，負責人可被處一年以下的有期徒刑，併科美金一萬元以下罰金。刑罰看來不重，但是以後就別想在美國混了。

吳澧培雖然住在美國幾十年，他只知道美國要清查資金來源，不懂得還有限制外國代理人與遊說人的法律。這四個帳戶如在美國境外，卻受他一人控制，更容易招致司法部起疑調查。阿扁對美國法律的無知，可能害了吳老先生。

十九、世界經濟將持續低迷

（原刊九十七年十月六日《中國時報》時論廣場）

布希政府的七千億美元搶救經濟方案，如坐雲霄飛車，一會兒像要直衝上天，再一會兒又好似將跌落深淵。九月廿九日，先在眾議院栽了個大跟斗，使道瓊指數跌掉七七七點。白宮緊急搶救，原本應在九月底休會的兩院議員都無法回鄉。

十月二日，總算在參議院又起死回生。十月四日，眾議院的版本既已否決，索性拿參院版作為討論依據，事實上根本沒討論就唱名投票，以二六七比一七一順利過關。

這個結果，比眾議院初次表決的二〇五比二二八票，反對票少了五十七票，而贊成票暴增六十二票，夠戲劇性了。問題在於：參院版的搶救方案，真能解決美國面臨的經濟危機嗎？看得再遠些，美國經濟暫時穩住後，席捲歐亞的世界經濟風暴也能使從歐洲到遠東的各國中央銀行，暫時喘口氣嗎？

我怕沒有這麼容易。只看紐約股票市場在投票結果公布後，只略回漲了二九〇點，但到收盤時，全天仍下滑二五七．四七點，可見大家心裡有數：這帖藥只能在短期內頭痛醫頭，避免美國國內經濟崩盤。長期而言，關鍵在於世界各國經濟都仍持續走低，這七千億美元不是萬靈仙丹，而且其效益不會延伸到美國以外的地區。

對美國老百姓而言，參院版能看得見摸得到的好處，只有將聯邦存款保險公司 (Federal Deposit Insurance Corporation, FDIC) 對全美幾千家銀行小額存戶的保證額，從十萬美元提高到廿五萬美元。美國有無數銀行周轉困難，富國銀行 (Wells Fargo) 剛買下瀕臨倒閉的美聯銀行 (Wachovia)，便是最好的例證。這些純屬美國內部的小事，更與面對龐大壓力的歐亞各國毫無關係。

美國國會尚陷於僵局時，俄國總理普丁忍不住開罵了。俄國是否受到世界經濟危機波及？當然有。正因為俄國經濟已經成為世界經濟的一環，近五個月來，莫斯科股票交易市場 (Russian Trading System, RTS) 指數已經跌掉了五〇％。僅九月一個月內，俄國政府就被迫撥款六百億美元，挹注周轉不靈的金融業者。

因此十月一日，美國搶救經濟方案剛被眾議院否決之時，普丁趁在紐約出席聯合國大會之便，公開指責說：「美國才是今天所有經濟與金融問題的罪魁禍首。這不是華爾街少數人不負責任的問題；這是該負責任卻無力做決定的問題。」

雖然這兩年原油價格飛漲，俄國手頭不缺現款，普丁仍不得不承認莫斯科能控制的財源，尚不敷安度財金危機。普丁也矢言：俄國將建立以本身資源為主的「現代化金融信用制度」，免得重蹈被別國拖累的覆轍。

歐洲國家領袖比普丁瞭解今日世界經濟的互補性與互相倚賴性，但有廿七個會員國的歐盟，半數以上仍在學習資本主義自由市場制度如何運作，與俄國「一個人說了算」的體制相差太遠。即使實施自由經濟已有幾百年歷史的國家，似乎也慌了手腳。

倫敦《每日電訊報》(*The Daily Telegraph*) 十月三日有篇評論，公開反對愛爾蘭提請歐盟中央銀行撥出巨款，援助該國六家瀕臨倒閉的銀行。

該報說，現在希臘也提出類似要求了。此例一開，將伊於胡底？如果其餘廿五個會員國紛紛援例申請，把歐洲所有的錢都投進這個無底洞，也不會夠！

這篇文章也提到所謂「蝴蝶效應」，有位電視名主持人曾引用此詞，但很多人仍舊不懂。它是一則有意誇張世界經濟互補性和互相倚賴性的寓言 (fable)。假設在很遙遠的地方，有隻蝴蝶在飛翔，牠的兩翅上下撲動，看去力量極小，但在地球的另一端，卻可能造成不可思議的後果，如颱風或海嘯。

這當然只是寓言，但用在討論今日世界經濟前景上，亦可發人深省。我們不早就聽膩了那句老生常談：「只要美國打個噴嚏，別國就會傷風，甚或患重感冒」嗎？

沒有人故意唱衰台灣經濟，蕭萬長副總統和劉兆玄院長說我們基本面仍良好，也無人置疑。政府採取的安定股市手段，在美國可能會被罵死，台灣卻因尚無真正獨立、只知依法行事、完全不受行政部門指揮的證券交易委員會 (Securities and Exchanges Commission)，台北證券交易所必須遵從命令行事，加上彭淮南總裁積聚多年的經驗與氣魄，使台灣經濟這一個多月來，受創比日本還輕。

當前要務在保存國家元氣，並在今後兩、三年裡，避免被捲入橫掃世界的經濟漩渦。我為台灣祈福。

廿、南非和平變天

（原刊九十七年九月廿九日《中國時報》時論廣場）

去年聖誕節前，本欄曾以「南非大選前哨戰——姆貝基（Thabo Mbeki）與朱瑪（Jacob Zuma）之爭」，分析執政的「非洲民族大會黨（African National Congress, ANC）」主席選戰。而當時台灣的注意力集中於南韓大選，有欠平衡。南非是非洲大國，無論現在的 G8 高峰會，或將來擴充後的聯合國安理會，少不得要給它留個座位。這次的和平轉移政權，與非洲其餘國家相較，既符合民主程序，又絲毫不動搖國本，值得向讀者介紹。

老實說，姆貝基這位總統做得不錯，他發展經濟，推動外人投資，深獲歐美各國信任。但就因為他曾留學英國，整天口叼煙斗，紳士派頭十足，缺少點「鄉土氣息」，才敗在朱瑪手下。南非黑人占七〇％，明年四月大選時，當選大位者肯定是朱瑪。但姆貝基困獸猶鬥，惹惱了朱瑪，此時把他拉下來，連我在南非新聞界的朋友們都沒料到。

南非繼承英國傳統，行政、立法與司法三權鼎立，互不干涉。朱瑪先鼓動媒體以猛烈砲火攻擊政府無能，把姆貝基惹火了。他坐在總統府裡，全不瞭解人民抱怨汽油與糧價飛漲，八、九兩月之間通貨膨脹率高達一三・七％。九月廿一日，他做了平生最大的錯誤決定，宣布辭職，以退為進想將朱瑪一軍，不想一發難收，雖然他麾下的八位部長隨亦提出辭呈，願與姆貝基同進退。其中最重要的是財政部長曼紐爾 (Trevor Manuel)，似乎聲勢浩大，最後卻潰不成軍。

依照南非憲法，總統是實位元首，主持內閣會議，亦出席議會，坐在執政黨那邊第一張桌子前。總統臨時出缺時，由眾議院投票選出一人代理，任期至下次大選為止。廿四日眾議院在開普敦 (Cape Town) 開會。ANC 推舉曾經做過國會議長、現為該黨副主席的莫嵐德 (Kgalema Motlanthe) 競選，民主同盟黨 (Democratic Alliance, DA) 推舉黨魁 Joe Seremane 來湊熱鬧，自然是莫嵐德以壓倒票數當選了。

九月廿五日，由大法官會議主席藍迦 (Pius Langa) 監誓，莫嵐德正式就任總統，以迄明年四月大選為止。那時我雖在國外，仍在 BBC 新聞台從頭到底看完這幕歷史性的政權轉移。莫嵐德反而顯得緊張，依憲法宣誓後，在當選證書上簽完字，他站起身就準備步下講台，還是藍迦把他叫回來的。當時在場有印卡塔自由黨 (Inkatha Freedom Party, IFP) 的布特萊齊 (Mangosuthu Buthelezi)、新國民黨 (New National Party, NNP) 的 Marthinus van Schalkwyk、各國大使和各省省長。

第二天眾議院再選出前議長 Baleka Mbete 為副總統，任期也只半年多。最令駐斐外交團與外資企業放心的是，原本表態和姆貝基同進退的曼紐爾，也接受莫嵐德邀約回任財長。前後共僅五天，一場在其他非洲國家可能引起內戰或涉訟法院連年累月毫無結果的政治風波，能如此收場，足為第三世界各國樹立典範。

南非最重要的人物，仍是曼德拉 (Nelson Mandela) 前總統，必須他表示態度，人民才放心。曼氏年逾九十，身體衰弱，仍寫了封信給莫嵐德說：「我們相知多年，深知你足以勝任這項最高榮譽。你是一位說話不多、個性堅毅、而崇尚原則的領袖；理性重於情感，以團結而非分裂為重。我相信有你掌舵，是國家之福。」莫嵐德總統在九月廿六日公布這封「你辦事、我放心」的函件。

姆貝基最受人詬病的是他忽略了愛滋病的嚴重性。據統計，南非有五百七十萬人是 HIV （Human Immunodeficiency Virus，人體免疫缺陷病毒）的帶原者。姆貝基卻信任女衛生部長 Manto Tshabalala-Msimang。此婆提倡吃素菜，尤其多吃大蒜，作為治療愛滋病的良藥，媒體給她起了個「赤腳醫生」的外號。莫嵐德第一個撤換的就是她，改派另一位受過正式訓練的女醫師 Barbara Hogan 接任，贏得全國鼓掌。但為免使姆貝基過分難堪，仍在內閣裡給她安排了個位置。

ANC 內有個鐵三角：即議會黨團，南非總工會 (Congress of South African Trade Unions, COSATU) 和南非共產黨 (African National Congress, SACP)。總工會一直覺得姆貝基的經濟政策過度向資本家傾斜，忽視勞工權益，現任會長 William Madisha 早就與姆貝基不和。斐共總書記 Blade Nzimande 反對資本主義自由市場，主張推行社會主義，更不用說。

南非這次變天，縱然秩序井然，顯現民主制度的優越。但如把姆貝基和朱瑪兩人放在顯微鏡下透視：前者代表南非可能更進一步融入現代社會，脫離舊思想舊恩怨。而朱瑪卻象徵墨守非洲的惡劣傳統，貪汙腐敗，好話說盡，壞事做盡。展望三、五年後的南非，不能不為這個得天獨厚的國家擔憂。

廿一、美俄開始「新冷戰」了嗎

（原刊九十七年九月廿二日《中國時報》時論廣場）

五週以前的八月十八日，本欄曾以〈俄國為何入侵喬治亞〉為題，分析普丁總理攻打這個位居外高加索地區小國所造成的複雜情勢。那場戰事名義上算是結束了，隨之而來的卻是美、俄間劍拔弩張的關係，看來一場有別於上世紀五十到九十年代的「新冷戰」，已經悄悄地來到廿一世紀多元的新世界了。

首先指出「前蘇聯特務機構（KGB，中譯「格別烏」，意為「國家安全委員會」）出身、有幾十年對美鬥爭經驗的普丁，正帶領俄國恢復對美冷戰」的人，是美國《戰略預測》(*Stratfor*) 週刊的兩位專家 Fred Burton 和 Scott Stewart。他們半年來不斷警告，新冷戰已經開始，而且比舊冷戰更不擇手段。尤其俄國副總理謝欽 (Igor Sechin) 取得委內瑞拉總統查維茲同意後，今年九月十日起，俄國戰略轟炸機進駐委京 Caracas 軍用機場，與古巴遙遙相對，就是為了要使美國睡不安枕。

此外，《紐約時報》專欄作家 Thomas Friedman 則在題為〈新世界秩序〉的專欄裡說：不論你管它叫新冷戰或新秩序，其起因源自兩項巨大的「不平衡現象 (imbalance)」。第一項是美國的軟實力與硬實力過分強大，就軍事而言，各國聯手也打不過美國。更重要的是，美國經濟雖面臨巨大困難，其規模仍比排名二到四的日本、德國和中國三者的總和還大。

第二項不平衡，則已成為美國的包袱。布希下令進攻伊拉克時，從未想到這場戰爭會拖這麼久。六年多下來，美國已用盡可以調用的兵力。世界上任何角落如再發生問題，美國絕對無力應付；這也就是美國不能出兵援助喬治亞的現實。儘管白宮剛宣布明年二月可自伊拉克撤軍，卻必須在阿富汗增兵，應付巴基斯坦穆夏拉夫引退後的新局面。美國「力不從心」的現實，使布希不敢對伊朗動手，造成伊朗「最高領袖」卡梅尼 (Ali Khamenei) 教長和總統阿瑪迪內賈德 (Mahmoud Ahmadinejad) 敢不甩老美，寧願向俄國輸誠納款。這就是新冷戰造成的縱橫捭闔。

廿世紀九〇年代，自從前蘇聯垮台後，俄國經濟凋零、物價飛漲、貪汙橫行，真可謂自顧不暇。今天可大不相同了，梅德維傑夫 (Dmitry Medvedev) 與普丁聯合執政，權力穩固，又值原油與糧價飛漲，莫斯科已可再次叱吒風雲，而華盛頓茫無感覺。布希總統或許天真地以為在西方協助下，俄國正慢步走向民主自由的道路，終究會與西方世界融為一體呢。

但普丁可不這麼想。從俄國國家利益出發，北大西洋公約組織不斷爭取舊蘇聯成員國加入，已經破壞了柯林頓總統對葉爾欽 (Boris Yeltsin) 所做的「不會接受波羅的海三小國」的口頭承諾。我查過大衛營會談的報導，柯林頓的確曾經如此答應過。

壓垮駱駝的最後一根稻草，就是烏克蘭的所謂「橘色革命 (Orange Revolution)」。

我記憶所及，當時台灣媒體極少報導。起因是二〇〇四年十一月廿一日的總統選舉，被公認為弊端叢生，導致烏克蘭人民在首都基輔街頭聚集抗爭，每人襟上別了一條橘色絲帶，先只靜坐抗議，後來變成全民罷工罷課。直到十二月廿六日重新投票，選出尤申科 (Viktor Yushchenko) 為新總統，才結束這場不流血的革命。

如今尤申科領導的烏克蘭想加入北約，接下來如果與俄國同文同種的白俄羅斯也提出申請，將直接威脅到莫斯科政權的國家主義信念與安全感。是可忍，孰不可忍？俄國有一萬個理由，認為以美國為首的西方國家如此步步進逼，確實已經到了不可容忍的地步。

美國把橘色革命看成一場自發自動的民主運動，但普丁認為它分明是中央情報局（CIA）幕後策動的拿手好戲，要在俄國後院搧風點火。烏克蘭申請加入北約組織，更是「美帝」要使俄國一旦有事時腹背受敵的鐵證。即使今天沒有普丁這個人，換個隨便什麼人在莫斯科領導全局，也會和他的想法相同。

美、俄「新冷戰」的起源，今日看來是無解的難題。美國的錯誤是，雖然在中東陷入泥淖，卻不自量力繼續鼓勵喬治亞和烏克蘭加入北大西洋公約組織。尤其烏克蘭地處俄國西南邊境，兩國間並無天然屏障可言。在這點上俄國絕無退讓餘地。從大戰略去看，俄國「新冷戰」雖以美國為對象，北至波羅的海三小國，西至「上合組織」的中亞成員，乃至白俄羅斯都將受到影響。俄國無須動武，它只要這些國家注意聆聽，不再盲目地跟著美國走，就達到目的了。

廿二、積弊官僚 才是馬政府敵人

（原刊九十七年九月十八日《聯合報》民意論壇）

新政府上任還不滿四個月，時運不濟，內遇賴著不肯走的「辛樂克」颱風，外有「雷曼」破產，導致全球經濟幾乎崩盤。媒體名嘴與朝野立委罵聲不斷，這片謾罵聲不禁讓人思考一個疑問：誰才是馬英九政府最大的敵人？

是陳水扁前總統嗎？是謝長廷、蘇貞昌、游錫堃、呂秀蓮等「四大天王」嗎？是民進黨立委嗎？又或者是不滿現狀，又不敢公開反馬，只會躲在幕後放冷箭的少數國民黨立委嗎？難道會是名嘴嗎？都不是。

馬政府最大的敵人，是幾十年來積弊叢生，平時吹牛拍馬，遇事推諉責任，不推不動，雖推也不一定動得起來的官僚體系。地方首長民選後，自縣市首長至鄉鎮民代，這種官僚習氣尤其嚴重。民進黨固然曾有過貢獻，但國民黨應負更多的責任。

南投縣廬山的卅家溫泉飯店，只有四家合法，卻能營運數十年。當年未申請建築執照，竟然無人聞問。其中十家根本就蓋在河川地上，連基樁都沒打一根，以致颱風帶來的洪水一沖，像玩具般橫躺在地上。電視觀眾覺得不可思議，如何追究責任仍是監察院與檢調機關的事，這一查不知又要拖到何年何月。

后豐大橋斷裂，所顯示的問題，與廬山如出一轍。這次也因風災斷裂的甲仙大橋、牛眠橋和昌榮橋，根本就不在六十八座危橋名單內。如此矇騙上級，隱瞞問題，都是根深柢固的官僚制度造成的。

人民只能希望中央能全盤考量，拿出整套計畫，從頭根治，才符合當初選馬英九的初衷。

廿三、美陷金融風暴危機

（原刊九十七年九月十五日《中國時報》時論廣場）

不只在美國，放諸世界也數一數二的雷曼兄弟金控公司上週造成金融業大地震，影響之深遠，如果不是內行人，很難瞭解究竟發生了什麼事。

有人把雷曼兄弟和同類金控公司譯成「投資銀行 (investment bank)」。但它們既不接受存款，更不放款給客戶，與銀行迥然有別。雷曼兄弟雖設有投資銀行部門，但它最主要的業務，是替有錢的金主尋找併購 (mergers and acquisitions, M&A) 對象。先看準了某家上市公司目前只因管理不善，而總資產仍超過負債時，雷曼兄弟會在股市利用人頭，祕密收購那家公司的股票，到掌握足夠數量時，亮出底牌，一舉取得董事會控制權。然後把那家公司所有資產拆散，分售獲利。這類敵對性接管 (hostile takeover)，曾成為許多小說和電影的題材。

美國有五家經營這類業務、分支機構橫跨全球的公司，即高盛、摩根史丹利 (Morgan Stanley)、美林、雷曼兄弟和貝爾斯登 (Bear Stearns)。去年十一月，這五家公司僅發放給全球十八萬六千名職員的年終獎金，就高達三八〇億美元。但來得快去得也快，今年三月，貝爾斯登首先搖搖欲墜，最後被摩根大通銀行 (JPMorgan Chase) 買去。現在這股金融風暴，終於刮到有一五八年歷史的雷曼兄弟金控公司身上了。

過去三個月來，雷曼已在全球裁掉一千五百名職員，以緊縮開支，但仍逃不過「兩房危機」橫掃的尾巴。九月九日，紐約證券市場的雷曼兄弟股價大跌四五％。董事長兼執行長（Chairman & CEO）傅爾德(Richard S. Fuld)被迫提前宣布：它今年第三季受次級房貸(secondary mortgage)拖累，虧損達卅九億美元。雪上加霜，公營的南韓開發銀行和雷曼兄弟進行已久的入股案，也因條件談不攏而取消。

傅爾德坦白承認談判破裂也有點好處，原已跌到谷底的雷曼兄弟股價，到九月九日雖有微揚，仍只值七．九九美元，連累道瓊指數也跌了三〇〇點。但受到全球金融風暴波及，貶值反更加速。到九月十二日（星期五）紐約時間下午四時，每股只剩三．八四美元。且不提全盛時期曾達八十二元，僅最近一年也曾有過六七．七三元的輝煌紀錄，真是情何以堪。

傅爾德主持雷曼兄弟已十五年，頗受敬重。他也知道政府雖然關心雷曼兄弟面臨的危機，卻因財政部剛斥巨資接管「房利美(Fannie Mae)」和「房地美(Freddie Mac)」，不可能再來搶救雷曼兄弟。好在他手上並不缺乏現款，雷曼兄弟金控公司目前代客經管的總額高達兩千七百五十億美元，至今尚無客戶因擔心資金安全，要求把錢抽回，可見受信任的程度。

雷曼兄弟仍能維持商場信用的原因很多，其中之一是南韓退出談判後，馬上有兩家銀行與傅爾德開始商談接手的可能。一家是美國銀行(Bank of America)，另一家則是英國老牌子的巴克萊銀行(Barkley's Bank)。

這兩家買主雖然明知在當前情形下，美國財政部或聯邦準備理事會都不敢直接介入救援工作，但買方希望依照今年三月摩根大通銀行買下貝爾斯登的前例，聯準會仍可就雷曼兄弟有問題的資產，提供部分擔保，談判因而膠著在這問題上。

即使和這兩家都談不攏，傅爾德還有別的辦法，就是把雷曼兄弟最賺錢的「投資管理部門（Investment Management Division）」單獨出售。覬覦這隻肥羊的顧客可多了，不但美國銀行、大通、高盛、瑞士信貸，恐怕還有其他尚未露面的買主也在蠢蠢欲動。

如果今天仍是蔣經國做總統，而趙耀東仍是經濟部長，台灣外匯存底上月雖因外國炒股的游資撤走了八八．一一億美元，現有外匯存底仍居世界第五位，花一、兩百億把雷曼兄弟買下，從而打進全球金融界，倒是展現台灣經濟活力最有效的方法。但如無精通國際金融市場的人才，這個夢永遠沒希望實現。中興以人才為本，旨哉斯言。

大陸外匯存底逾一兆美元，近年不斷派員到國外學習自由市場經濟如何運作，恐怕還沒學會其中精髓。北京並不缺乏氣魄，丟個兩、三百億美金對它來說也不傷脾胃。如果大陸看準當前良機，買下雷曼兄弟金控公司，世界各國肯定會對它另眼相看，因為這種「軟實力」，平常是花錢也難買到的。

廿四、調降證交稅　全無方向亂下藥

（原刊九十七年九月九日《聯合報》民意論壇）

馬總統不懂經濟，劉院長看來也只懂科技。曾被封為「新政府財經總設計師」的蕭副總統卻被憲法的備位框架鎖住，站在旁邊只能空著急，這就是造成今天台灣經濟困境的主因。

三四十年前，台灣能在亞洲四小龍中獨樹一幟，靠的是人才而非庸才。兩蔣對經濟都是門外漢；但他們知人善任，找來尹仲容、李國鼎、趙耀東之類有遠見、勇於負責、甚至敢跟老闆頂撞的人，賦予全權，讓這些人放手去做。所謂「台灣奇蹟」不是天上掉下來，而是人做出來的。

劉院長組閣時，找來的副院長及財經首長都是在蔣經國或李登輝時代就跟過前述幾位開路功臣的資深官員。外間的觀感是：他們雖然熟悉財經事務，卻只會循規蹈矩地辦事。偏偏遇上世界經濟陷入停滯性通貨膨脹的深淵：美國經濟受兩房拖累，已有十幾家銀行倒閉，連長期扮演景氣龍頭的汽車業都搖搖欲墜，情勢嚴重程度遠超過一般人想像之外。

今日不止台灣，全球股市匯市都在不斷下跌。這是一場世界性的災難，不知哪年哪月才能轉危為安。此時此刻，台灣需要一位獨具隻眼和果斷決策力的「經濟沙皇」，能把握他要走的方向，而內閣中似乎缺少這麼一位人才。

為什麼要一位獨斷獨行的經濟總管呢？因為把所有的人都找來開會，七嘴八舌，絕非解決問題之道。久在官場打滾者都知道：遇有難題，只要開會商討，即使結論出錯，可以推到大家頭上，而把自己應負責任減到最低。總統和院長都為經濟著急之時，越開這類無所不包的會議，越找不到方向，又怎能拿出正確結論來？

前立委劉憶如說得好：這種鉅細靡遺的大型跨部會聯席會議提出一百個方向，其結果等於沒有方向。而最荒唐的一個方向，就是拿降低證交稅來搶救股市。報載即將逕付二讀，更是莫名其妙。

做股票的朋友告訴我說，炒股行家根本不把證交稅這種微小數看在眼裡。靠調降證交稅去搶救股市，等於給患癌症的病人一顆阿斯匹靈，無濟於事。如此全無大方向而亂下藥，只會給民進黨更多攻擊政府無能的彈藥，替馬總統製造更多的頭痛。

昨天股市大漲，只能看作曇花一現，無法抗拒經濟大環境的壓力。沈富雄要劉內閣考慮在國慶日前改組，並非必需。但找個有理想、有擔當的人來挑起重整經濟的大擔子，卻刻不容緩。

廿五、上合峰會　六國各有盤算

（原刊九十七年九月八日《中國時報》時論廣場）

美國兩大黨總統候選人提名大會期間，占據全球媒體版面，擠掉許多重要新聞。回顧過去兩週，其實發生不少大事：從巴基斯坦總統穆夏拉夫被迫下野，泰國人民上街抗議，到福田康夫辭去首相職務，或多或少都影響到整個地區。但如從大國外交和地緣經濟著眼，則八月底「上海合作組織（Shanghai Cooperation Organization, SCO，簡稱『上合』）」六個成員國在塔吉克共和國首都杜尚別（Dushanbe）召開的元首會議，對廿一世紀國際關係影響最為深遠。

出席那次峰會的六國元首有大陸國家主席胡錦濤、俄國總統梅德維傑夫、哈薩克共和國（Kazakhstan）總統 Nursultan Nazarbayev、吉爾吉思共和國（Kyrgyzstan）總統 Kurmanbek Bakiyev、塔吉克共和國（Tajikistan）總統 Emomali Rahmon 和烏茲別克共和國（Uzbekistan）總統 Islam Karimov。中亞語言文字與其他地區迥異，只要知道 -stan 意指國家或地區，就懂得巴基斯坦（Pakistan）或阿富汗（Afghanistan）名稱的來源了。

包括大陸和俄國在內，「上合」約占全球二五%的土地；但除中國以外，其餘五國都擁有大量原油與天然氣資源。一九九六年成立時原只五國，二〇〇一年烏茲別克加入後才正式更名為 SCO。二〇〇五年美國曾申請以觀察員身分列席，被成員國拒絕。「上合」今年因此特別通過一份「對話夥伴條例」，設下多重門檻，目的就是要拒絕中亞地區以外的國家。

申請加入為會員的鄰近國家必須排隊，最急不可待的就是伊朗，要找個保護傘抵抗美國與歐盟不斷加強的壓力。其餘還有阿富汗、巴基斯坦、印度、外蒙古等，這次連同若干國際組織代表，都獲准以觀察員身分列席。因而八月廿八日開會時，最引人注目的貴賓就是伊朗總統阿瑪迪內賈德和阿富汗總統 Hamid Karzai。伊拉克仍在美國控制下，未敢申請對話夥伴或派遣觀察員，否則布希總統一定會暴跳如雷。

「上合」為什麼如此吃香呢？因為這個原本標榜經濟文化合作的組織，日益走上政治與軍事合作。去年就曾在俄國的烏拉山地區，以「和平使命——二〇〇七」為名，舉行過聯合軍事演習，隱然有與歐洲的北大西洋公約組織分庭抗禮之意。它且與以俄國為首，舊蘇聯成員現已各自獨立的「集體安全條約組織 (Collective Security Treaty Organization)」簽有備忘錄。

這次的《成員國元首理事會會議聯合公報》透露，六國元首簽署了三項協定，第一就是「舉行聯合反恐演習的程序協定」，分明在走上軍事同盟的路上又進了一步。另兩項則是「合作打擊非法販運武器、彈藥和爆炸物品的協定」與「上合銀行聯合體與歐亞開發銀行夥伴關係基礎備忘錄」。

公報又稱「元首們讚賞《上合成員國打擊恐怖主義、分裂主義和極端主義二〇〇七年至二〇〇九年合作綱要》的順利落實」。而且將研究明年首次舉行各國「公安和內務部長會晤」。另外觸及的合作範圍還包括訊息安全、打擊非法販毒等。最令歐美注意的，莫過於擴大國際交往，公報說元首們「將考慮本組織觀察員國——印度、伊朗、蒙古和巴基斯坦願望的基礎上，提升雙方合作水平」，所以已「成立特別專家組，綜合研究本組織擴員問題」。

公報最後宣布明年的元首會將在俄國聖彼得堡冬宮 (Ekaterina Palace) 舉行，俄國總統梅德維傑夫是下屆主席。

成員國只有六個，卻各有各的打算。在觀察員國不得參加的祕密會議中，梅德維傑夫雖然費盡心力，解釋俄國與喬治亞的爭執，其餘五國對莫斯科貿然承認阿布哈茲 (Abkhazia) 和南奧賽提亞 (South Ossetia) 獨立，不但態度冷淡，內心都有極大反感。公報無一字提及喬治亞，更別提那兩個普丁製造的傀儡國家。這兩國也無法申請加入聯合國，美國萊斯 (Condoleezza Rice) 國務卿上週已經放出狠話說，它們如敢提出申請，一定「死在門外 (dead on arrival)」。

大陸本來就因「藏獨」與「疆獨」問題，反對任何國家被分裂。有美國公開反對，樂得袖手旁觀，用不痛不癢的外交辭令敷衍一下。「上合」其餘四國，原本都屬於「蘇維埃社會主義共和國聯邦」，數十年間受盡剝削，更不願見俄國恢復史達林 (Josef Stalin) 時代橫行霸道的政策。這次峰會表面上熱鬧，骨子裡內外各有打算。要與歐盟或東協等量齊觀，還要繼續努力。

廿六、滑稽獨白會　扁避重就輕

（原刊九十七年九月五日《中國時報》時論廣場）

耐心看完陳前總統記者會，原以為會透露些真情，但他企圖把李前總統和馬總統拖下水，恐怕連死命挺他的深綠群眾也沒幾位能接受。

陳大律師把國務機要費界定為「最早最特別的特別費」，從兩蔣時代就存在，再把李前總統扯進來，暗示「奉天專案」與「當陽專案」都有問題；卻不提吳淑珍怎會把李慧芬住旅館的發票拿來報國務費。扁又指責馬英九的特別費全匯往國外給女兒作學費與生活費，就是希望深綠群眾相信三級法院都在偏袒馬英九。

陳水扁把眾所周知的事實全部略而不提，卻大言不慚「從未把國務機要費放進私人口袋」，八年總統任內國務費都拿來「公款公用」，且「支出大於收入」。坐在他身旁的李勝琛律師對資金匯往海外洗錢一事，竟說阿扁「完全不知道」，趁機就結束了這場滑稽的獨白會。

廿七、韓稱我「中華民國」嗎？

（原刊九十七年九月五日《聯合報》民意論壇）

南韓駐台北韓國代表部分函我國媒體，要求對有關南韓新聞時，使用「韓國」一詞。這種要求，徒然反映韓國人蠻橫的性格，對兩國友好只有損害，毫無幫助。

朝鮮半島分裂已久，媒體將「大韓民國」與「朝鮮人民民主共和國」分別稱為南、北韓，使讀者不會混淆，在邏輯上合理，在處理上也十分公正公平。我實在看不出有要更改的理由。

中華民國即使在最困難的時候，對韓國也十分夠朋友。國民政府在重慶八年，在經濟極度困難下，金九所領導的「大韓民國臨時政府」全靠我方撥款維持。抗戰「慘勝」，美國搬出李承晚做它在南韓的代理人，引得北韓揮軍入侵，台灣願意出兵，遭到婉拒，但仍在許多方面竭力相助，從前線的數百名翻譯官，到濟州島俘虜營的我方審訊人員，都是台灣力挺南韓的表現。

然而南韓對我國的態度又怎樣呢？一九九二年八月廿四日盧泰愚大統領突然宣布與中共建交，只給金樹基大使幾天時間倉皇離境。清末袁世凱在漢城明洞區買下的大使館房產，也被移交給大陸。美國並未把雙橡園移交給北京，南非更未把我國的十餘棟房產移交給大陸；相形之下，南韓更不友善。

今年二月，綠營「台灣智庫」的和平論壇，委外辦了一次民調。其中第五問是：「在中國、美國、日本和南韓之間，請問你覺得哪一個國家的人民對台灣最友好？」結果，對台最不友好的竟然是南韓，只有三・六％；大陸四・二％；美國是二二・五％；日本最高，二八・一％。

第八問是：「請問你對哪一個國家最有好感？」大陸以五・一％拿倒數第一，南韓也未遑多讓，得到五・四％。我懷疑「駐台北韓國代表部」知不知道這次民調結果，曾否向首爾提出報告。

要台灣媒體用南韓的正式國名也成。雙邊應以互惠為原則，只要南韓媒體提到台灣時，使用中華民國，我們當然會稱之為大韓民國。

廿八、民視劉自然事件　不符事實

（原刊九十七年九月一日《聯合報》民意論壇）

毫不諱言它政治立場的民視無線電視台，昨晚八時播出「台灣演義」系列中的「劉自然事件」單元。因為該台預告時用了採訪我的一個鏡頭，出於好奇，特地抽出半小時觀看一下，不但發現與當年事實有許多出入，而且製作該片的動機更令人懷疑。

民國四十六年時，我擔任新聞局第二（國際）處長，親身經歷本案。民視記者來訪問我談劉自然案，至少是一年多前的事，確切日期想不起來了。但片中敘述情景，與事實相差太遠之處，不能不予說明，免得以訛傳訛。

首先，當時駐華美軍顧問團人員享受外交豁免權，故由美軍自組軍事法庭審理，草草四天後當庭宣判無罪。在場的美軍眷屬高興得鼓掌，引起國人非常不滿。他的遺孀在當時美國大使館門前靜坐抗議，旁觀者愈聚愈多，情緒衝動下，爬過圍牆，把美國國旗拉下來，放火焚燒洩憤。

但這些人並未侵入大使館那棟樓房。民視製作的這部影片居然說民眾把大使館砸得稀爛，還有鏡頭證明，全是子虛烏有的新聞，企圖欺騙六十歲以下的台灣人。抗議群眾進入而且砸毀的，是美國新聞處。

媒體回顧威權時代發生的事件，以昔儆今，沒有什麼不對。但前提必須公平公正，兼顧時代背景，才能使觀眾信服。我不知道「台灣演義」系列有無製作其他影片，但本片後半部全用於描繪有多少記者因本案被囚禁，其中還有我很熟的朋友，給人的感覺是製片目的未免太偏了。

週餘以前，綠色鮮明的電視台忽然大事追念「八二三砲戰」。我先也莫名其妙，和朋友談起時，都罵我糊塗。我仍然不解，直到有人指出，這和前陣子綠色媒體大炒「古寧頭大捷」是同一模式。我說：但胡璉所帶的兵都是外省子弟呢。他們笑我太笨，因為只要激起反共心理，就不必管太多細節了。

廿九、輪到共和黨占版面了

（原刊九十七年九月一日《中國時報》時論廣場）

美國的政治傳統是：一黨舉行總統提名大會或稱全國代表大會時，另一黨為示禮讓，把製造新聞的機會全留給它。民主黨上星期在丹佛 (Denver) 精心為歐巴馬塑造形象的大會，宣傳效果十足。跑慣美國新聞的老記者們見多識廣，覺得沒啥稀奇。初次赴美採訪的人，縱使經驗豐富，仍未免受會場氣氛感染。相信他們本週再在明尼蘇達州聖保羅市 (St. Paul, Minnesota) 參加共和黨全代會後，就會知道兩者都不過是場規模浩大無比、耗資數千萬美元的政治秀而已。

唯有作如是觀，才能比較兩黨候選人誰更懂得民眾心理，亦即誰更操勝算。冷眼旁觀，共和黨謀士似乎略高一籌。麥肯選在上星期五晚上，局外人以為歐巴馬聲勢正達最高峰時，宣布邀請阿拉斯加州長裴林為競選夥伴，搶掉了民主黨鋒頭 (stole the thunder)，確是高招。

媒體原先押寶的副手人選不少，呼聲最高者如前麻州州長 Mitt Romney，其餘還有三、四人。但無人猜過這位芳齡四十四歲、曾獲第二名阿拉斯加小姐的美女。麥肯選中她，因為如當選總統，他將是歷史上年齡最大才進白宮的人；比雷根當選時還大一歲。另一方面也希望民主黨內死忠於希拉蕊的女權分子，會因不滿歐巴馬，把票改投給共和黨。

如拿麥肯和歐巴馬的個人條件作比較，麥肯占有很大優勢。亞利桑那州本就是保守派的大本營，他做過兩屆聯邦眾議員和四屆參議員，前後長達卅五年，在參院繼承的正是保守派大老高華德的位置。但更為人津津樂道的，是他不屈不撓的愛國心和參與越戰的紀錄。這點須先從他三代海軍世家說起。

麥肯的祖父和父親都是上將，做到海軍總司令（Chief of Naval Operations, CNO）。為追隨先人腳步，他五十年前從海軍官校畢業後，先在兩艘較小航艦服役。雖已結婚生子，他卻在卅歲那年自請參加越戰，被派到航空母艦 USS Forrestal 號服務，駕駛天鷹（A-4 Skyhawks）型空對地攻擊機。一九六七年夏天，該艦在越南外海失火，一二四名官兵死亡，他也幾乎送命。

Forrestal 號回美大修，麥肯又自請調到另艘航艦 USS Oriskany 號繼續作戰。那年十月，他在出第廿三次任務時，座機遭擊落，雙臂與一條腿骨折，跌到河內一個小湖裡昏倒。等他醒來，盛怒的北越老百姓又打碎了他肩鎖骨，還用刺刀朝他身上亂刺，直到軍隊趕來抓俘虜才停手。

麥肯度過六年多的戰俘生活，先住在被美國俘虜暱稱為「河內希爾頓飯店（Hanoi Hilton）」的俘虜營裡，受過多次苦刑，寧死不屈。北越發現他父親竟是美國海軍高官後，才把他送進設備貧乏的醫院，他體重掉了五十磅，鬚髮全白。精神肉體瀕臨崩潰之際，他簽過一張反戰宣言，至今引為平生的奇恥大辱。

天下有那麼巧的事：一九六八年，麥肯的父親 John S. McCain, Jr. 被任為越南戰區美國三軍統帥。北越表示願意釋放他，卻被麥肯拒絕，他說除非比他更早被俘的美軍同時獲釋，他不願獨享優遇，北越拿他的牛脾氣毫無辦法，直到一九七三年他才獲釋返美，進醫院做復健，受盡折磨。在人民心目裡，則被公認為越戰英雄。一九七七年，他擔任海軍在參議院的連絡組長，自省由於健康關係，在軍中前途有限，決定改走政治這條路。

就兩黨全代會籌備工作而言，共和黨也比民主黨周延。今天第一天，演講者有代表猶太裔的康乃迪克州參議員 Joseph Lieberman、加州州長 Arnold Schwarzenegger、副總統錢尼 (Dick Cheney)、第一夫人蘿拉和布希總統本人。如此黃金陣容，民主黨無法相比。

明天的演講人則包含所有原來被傳的可能副手人選：前紐約市長 Rudy Giuliani 、前阿肯色州長 Mike Huckabee、前賓州州長 Tom Ridge、現任猶他州長 Jon Huntsman、現任夏威夷女州長 Linda Lingle 與前田納西州參議員 Fred Thomson 等人。

第三天有明州參議員 Norm Coleman、前麻州州長 Mitt Romney、現任路易西安那州長 Bobby Jindal、兩位工商界女強人 eBay 執行長 Meg Whitman 和惠普科技執行長 Carly Fiorina。兩位女將都身兼麥肯競選總部的主席職務。壓軸則是麥肯的夫人 Cindy Hensley McCain。

最後一天有兩位現任州長，明州的 Tim Pawlenty 和佛羅里達州的 Charlie Crist，與兩位參議員，堪薩斯州 Sam Brownback 和佛羅里達州 Mel Martinez 暖場，最後由麥肯發表接受演說，作為全代會結束的高潮。

看這樣的陣容，就知道歐巴馬今後兩個多月要走的路，還很崎嶇難行。

卅、歐巴馬正式起跑了

（原刊九十七年八月廿五日《中國時報》時論廣場）

從今天起，美國民主黨全國委員會繼續一八三〇年代以來的傳統，在科羅拉多州丹佛城舉行一連四天的全國代表大會，或稱總統候選人提名大會。問題是：豈但美國人，全世界稍為留意新聞的人，早已知道今年十一月代表民主黨出馬競選者，非歐巴馬莫屬。

兩黨過去幾屆全代會，總統候選人雖早已決定，經過充滿雪茄菸味的密室交易，各有所捨與各取所需後，誰會脫穎而出，成為副總統候選人，也算是條大新聞。但性急如火的歐巴馬前天下午就正式宣布：他的副手是德拉威州參議員拜登(Joe Biden)。

既然正副總統候選人都已定奪，何必還浪費八千萬美元，其中包括聯邦政府補助的四百萬元，辦這場可有可無的提名大會呢？

答案很簡單：選舉日期愈迫近，歐巴馬純以能言善辯取勝，缺乏問政實務經驗的問題就愈凸顯出來。路透社與索格比國際民意調查公司(Zogby International)八月廿一日剛發表的最新美國民意調查，顯示選情大翻盤。麥肯參議員領先歐巴馬四六%比四一%。也就是這兩家一個月前所作的同樣調查，歐巴馬還領先麥肯四七%比四一%呢！

拜登這麼早出線，因為年已六十六歲的他，做了卅六年參議員，曾任司法委員會主席，現則為外交委員會主席。相形之下，歐巴馬只做過伊利諾州一任州議員；四年前剛選上聯邦參議員，就迫不及待地競選總統，衝得太猛。拜登熟悉華盛頓官場與外交圈，為人穩重，正好填補歐巴馬的缺點。只是拜登太喜歡講話，抓住麥克風就不肯放，常被識者譏笑。

儘管時代變遷，兩大黨的全代會或提名大會，仍然是美國各大電視網競爭的焦點。早年那種鉅細靡遺的報導方式，也因兩黨自動改成只在每晚黃金時刻開會，藉以獲得最大曝光率，節省很多時間。但四天會期中，由什麼人在哪一天演講，藉以獲得最好反應，仍然煞費安排。

今天是第一天，開幕時將有各宗教與教派 (interfaith) 的代表共同祈禱，目的在於化解中西部保守派白人對這位東非洲肯亞 (Kenya) 出生的父親和堪薩斯州白人母親的兒子，能否勝任美國總統職務重責大任的懷疑。此外，因為他隨養父在印尼長大，名字中間的 Hussein，聞起來有點伊斯蘭教味道，也啟人疑竇。歐巴馬早已是基督教徒，這些陰影卻揮之不去。

今天揮出第一棒的是歐巴馬的妻子蜜雪兒。她出生於芝加哥南城的貧民區，自幼聰明用功，普林斯頓大學社會系畢業後，在哈佛法學院比她丈夫還高一班，當時兩人並不認識。歐巴馬畢業後，到律師事務所找工作，她已是主管階級，不屬於帶領這麼一位新手上路。像她那樣典型的美國成功故事，打頭陣肯定會贏得無數掌聲。

全代會四年一次，總有許多人想攀龍附鳳，只要能擠上講台，一舉成名，有助於將來從政之路。明天主要的演講人是希拉蕊。前總統柯林頓聲名狼藉，歐巴馬讓她出這個鋒頭，主要為敉平競爭候選人時的創傷，收編黨內擁護她的人馬而已。至於甘迺迪家族僅存的艾德華・甘迺迪 (Edward Moore Kennedy)，則因老病纏身，只能利用影音傳達祝賀，也會在這天放映。

大會開幕後第二和第三兩天，歐巴馬本人根本不在丹佛。星期一晚上他在 Orlando, Florida；星期二晚他在 Raleigh, North Carolina；星期三他要去 Virginia 州。

本屆大會的會場，前三天在丹佛市的「百事可樂中心」，可容納五六千人。但第四天亦即最後一天，卻改在丹佛市可容七萬五千人的 Invesco 棒球場。

最後這天，歐巴馬將站在球場中央投手位置上，發表他接受民主黨總統候選人的演說。為什麼要換場地呢？因為八月廿八日正是黑人民權運動領袖馬丁・路德・金恩 (Martin Luther King, Jr.) 牧師著名的「我有一個夢 (I have a dream)」演說的五十週年紀念。如今有個黑人坐上民主黨總統候選人的寶座，不論十一月投票結果如何，美國自由派人士與所有非洲裔人，肯定會感動落淚，達到歐巴馬訴求的目標。

民主黨競選總部說，大會一結束，歐巴馬和拜登二人從星期五起就聯袂去拚選舉。他們的口號是要「改變 (change)」，唾棄「墨守成規 (more of the same)」。至於改變什麼，要怎麼改變，留待選民自己去想像，這就是美式的兩黨政治。

卅一、故友耀東　堪稱「國之完人」

（原刊九十七年八月廿四日《中國時報》時論廣場）

趙耀東兄是江蘇省立揚州中學畢業，我也是揚中校友。不過他讀揚州本校，我就讀時揚中二院設在上海閘區的南京路。為何敢自稱老友呢？因為我民國卅六年底來台，暫時管理一家黨營糖果工廠。大陸形勢急轉直下，耀東兄當時在束雲章先生辦的豫豐紗廠工作，把機器設備遷移來台，看中我那家廠的蒸汽鍋爐正合紗廠需要，買了下來。我負責點交，他負責接收。後來他已故的么妹趙耀寧嫁給我的同學好友。他父親趙棣華的繼配李崇祜女士，無論在台灣或美國，和我家更過從頻繁。

趙前部長的豐功偉業，各報已有報導。我連年在外館工作，回台後寫本回憶錄。後來在一個場合偶遇耀東兄，他罵我說：「以正，你寫了本書，怎麼不送我一本？」我趕快去書局買了一冊寄去。兩天後，有人來按門鈴，一看竟然是他。原來他前一晚直看到半夜三點鐘才看完，立刻來家找我，謬讚一番。

耀東兄所患阿茲海默症，初期只是記憶力衰退，偶爾忘記身在何處。兩三年前，我們還常聚會，後來王昭明兄告訴我，耀東兄已完全喪失辨識能力，纏綿病榻，連家人都不認識了。他活著的九十三年裡，無愧於國家社會；幾位子媳各有成就，只有「國之完人」四字，可代表他的一生。

卅二、協尋「落跑中」　美無理由拒絕

（原刊九十七年八月廿日《聯合報》民意論壇）

陳致中已被證實並沒有如稍早所傳去維吉尼亞大學報到，引發外界對陳致中「落跑中」的質疑，但，日前各大報駐美特派員發回來的新聞，一致認為陳致中夫婦如持有綠卡，他們就可滯美不歸，政府勢將束手無策，我卻沒有那麼悲觀。

無論從國際法觀點或就防阻洗錢立場出發，台灣都可提出確切證據，尋求與我無邦交國家司法協助。

聯合國大會在二〇〇三年十月卅一日通過《反腐敗公約》。迄今已有一百四十個國家簽署加入，其中一〇七國並已依其本國憲法程序正式批准，美國與大陸都在其列。

我在聯合國網站找到這項公約的中文版。它的序言特別提到「涉及巨額資產的腐敗案件，…可能占國家資源的很大比例」，因此各簽約國「確信非法獲得個人財富特別會對民主體制、國民經濟和法治造成損害」。

美國既為簽字國，就有義務履行序言中「更加有效地預防、查出和制止非法獲得的資產的國際轉移，並加強資產追回方面的國際合作」的承諾。台灣雖非聯合國會員，我政府仍可向華府義正詞嚴地提出要求，恐怕國務院很難想出拒絕合作的理由。

國際間還有一個專門防阻洗錢的「艾格蒙組織（Egmont Group）」。因一九九五年，各國專查洗錢機構在比利時首都艾格蒙皇宮開會而得名。由各國專門負責查辦洗錢機構組成，統稱金融調查單位。今年初，該組織就把扁家海外鉅款的情資傳給我國政府，只是被吃案了。台灣「洗錢防治中心」可直接向各國艾格蒙單位求助，相信它們不可能拒絕幫助調查如此重大洗錢案件。

卅三、俄國為何入侵喬治亞

（原刊九十七年八月十八日《中國時報》時論廣場）

在雖退任總理、仍獨攬大權的普丁指揮下，由空軍支援的俄國裝甲部隊，入侵喬治亞共和國，引起舉世譴責，各國媒體競相報導，台灣也不例外。但這場打了又停，停了好像隨時可重啟戰端的衝突，卻又引起美、法、德的抗議。此外，曾被蘇聯奴役的波羅的海三小國、尤其與喬治亞比鄰，同為舊蘇聯一分子的亞美尼亞（Armenia）和亞塞拜然（Azerbaijan），更是緊張萬分，深怕俄國要藉機「收復失土」，一發不可收拾。這麼複雜的局勢，必須先說明各種互相衝突的因素，或有助於讀者們瞭解問題所在。

㈠喬治亞在俄國之南，面臨黑海，境內有外高加索山系（Transcaucasus Mountains）。很多人都不知道，它的國土實已脫離歐洲範圍，屬於亞洲極西端，緊鄰土耳其；所以我國外交部也把它劃歸亞西司管轄。為確保國家安全，喬治亞總統薩卡希維利（Mikheil Saakashvili）聲請加入歐盟和北約組織。北約或可辦到，但歐盟情形太複雜。他沒想到地理上屬於亞洲，首先資格就有問題。歐洲國家對亞洲有根深蒂固、不能形諸文字的偏見。土耳其對北約貢獻最大，至今仍徘徊在歐盟門外，便是前例。

㈡從二百年前的帝俄（Czarist Russia）時期，歷經舊蘇聯（USSR）時代，再經過俄羅斯聯邦（Russian Federation）部分解體，直到一九九一年四月，現在的喬治亞共和國才正式獨立。俄國對這南鄰虎視眈眈，理由多得數不清。其中之一是蘇聯時期的大獨裁者史達林正是喬治亞人。普丁如能逼使喬治亞重歸俄羅斯聯邦，有助於重振俄國聲威，不言可喻。

㈢喬治亞人追求獨立自主並非此時才開始。一九一八年第一次世界大戰結束，俄共的孟希維克派 (Mensheviks) 就乘機宣布成立「喬治亞民主共和國 (Democratic Republic of Georgia)」，到一九二一年，列寧 (Vladimir Lenin) 領導的俄共「布爾希維克派 (Bolsheviks)」紅軍入侵，結束了這個短命的「共和國」。可見莫斯科始終把喬治亞視為它的禁臠，其來有自。

㈣普丁早已精確計算過當前世局，所以敢冒天下之大不韙，前一天還在北京奧運開幕席上向四百餘名俄國選手揮手打氣，次日就趕回莫斯科坐鎮，親自指揮軍事行動。他有出售石油與天然氣的大量外匯收入，無論歐盟或其餘國家，他都不看在眼裡。如果聽任喬治亞加入歐盟與北大西洋公約組織，「臥榻之旁，豈容他人鼾睡」，俄國斷難容忍。

㈤他估計布希總統任期只剩四個月，已無鬥志，美國初期「溫吞水」式的反應，也正如他所料。布希雖然派了兩架運輸機前往喬治亞首都第比利希 (Tbilisi)，載運的只有帳棚與救濟難民物資。八月十五日，萊斯國務卿趕到第比利希，放言「這不是一九六八年了」，舊蘇聯用坦克車鎮壓捷克人民革命的歷史，不容重演；語氣雖略轉強硬，北約尤其美國仍不可能出兵。

㈥普丁也不敢一口吞下喬治亞，因為那會違反《聯合國憲章》。俄國的手段是三〇年代希特勒 (Adolf Hitler) 蠶食捷克的老辦法，先從喬治亞東西兩塊土地下手。俄國本來就不承認阿布哈茲 (Abkhazia) 自治共和國屬於喬治亞，但也並未給予外交承認。另一塊南奧賽提亞 (South Ossetia) 則位於喬治亞中部，本來就鬧獨立，一九九〇年代起不斷與中央政府齟齬，鄰近俄國部分早已自主，喬治亞只能管到南奧東南一角。普丁對這兩地出兵，可見他的老謀深算。

(七)美國仍在猶豫時，輪值歐盟主席的法國薩科奇總統急忙趕去莫斯科和普丁商談，然後帶了俄國同意的六點停戰協議到喬治亞，說服薩卡希維利總統簽字。但不知是因為他向無和俄國佬談判的經驗，還是過分自信，那份協議的前言漏洞百出，既未嚴格規定自停火日起俄軍必須撤出喬境，還容許含混不明的所謂「額外安全措施」。薩卡希維利雖然簽了字，卻立即投書《華爾街日報》(*The Wall Street Journal*)，標題是〈喬治亞的戰爭，就是西方的戰爭〉，同時向美、英、德抗議。

(八)法國搞砸了，美、德兩國趕緊接手。八月十五日，鐵娘子梅克爾夫人在莫斯科與俄國總統梅德維傑夫會談，說服對方再簽一次刪去前言的協議。八月十六日，萊斯國務卿在喬治亞首都也贏得薩卡希維利總統重簽同一文件，影本電傳到俄京，兩位女政治家總算挽回了危局。萊斯雖然宣稱「俄軍必須完全地有秩序地全部撤離喬治亞國境」，但也未訂明撤軍期限，雙方各有讓步。

這場歷時九天，倒有三天在談判的戰爭，結局並不明朗。看來還有待各方繼續折衝，外交史常有這種拖拖拉拉的事例，只是老百姓看不懂而已。

卅四、蔡英文，沒必要隨扁陪葬！

（原刊九十七年八月十六日《聯合報》民意論壇）

陳水扁在短短廿四小時內，先斷然否認「做過法律所不許可的事」，繼而改口說「良心告訴我，不能再繼續騙自己、騙別人」。台灣雖有部分人民感覺錯愕，但多數人卻毫不詫異，因為大家早已心知肚明，第一家庭成員肯定有鉅款儲存海外。現在由瑞士聯邦司法部檢察署向我駐瑞士代表處函請協助調查，雖被阿扁任命的劉寬平代表無故壓了一個月，紙包不住火，終究還是延燒出來，成為馬英九上任不滿百日的最大政治新聞。

此時此刻，最該效法壯士斷腕，立即與阿扁全面切割的，就是新任民進黨主席蔡英文。台灣人不分藍綠，都很欣賞蔡前副院長的才華與風度，更重要的是她思想及言辭溫和，從不出口傷人，和其他民進黨人相較，有天壤之別。五月十九日，她擊敗辜寬敏和蔡同榮，當選台灣最大反對黨主席時，我和許多藍營朋友一樣，有種放心的感覺，知道台灣的兩黨政治制度將會持續下去，這也是和平民主最佳的保障。

但這三個月來，我不禁有些微失望。因為蔡主席雖仍保持她一貫作風，民進黨中央黨部一級主管和廿七位立法委員卻依然故我，每天叫囂喧嚷的，還是原來那套惡性政黨鬥爭語言，絲毫未見改變。沒有錯，蔡主席還是笑臉迎人，且效法馬英九深入農村，收割早稻，撬開蚵仔，一派似已開始二〇一二年競選總統的模樣。她究竟是只顧自己形象，管不住手下那批人？還是配合演出雙簧，由她扮白臉，那些草莽英雄們扮演黑臉？

在只具學生身分、並無正常收入的陳致中和黃睿靚，被證明在國外有鉅額外匯存款後，蔡主席已無迴避餘地，必須與阿扁夫婦一刀兩斷，劃清界線，以免影響民進黨和她自己的聲譽與政治前途。而且事不宜遲，錯過這個週末，就再也來不及了。

蔡英文至少該做下列四件事：

首先，立即以民進黨名義發表聲明，責備陳水扁縱容吳淑珍罔顧法紀，在海外洗錢，令全黨蒙羞，並向全國人民道歉。

其次，召開中執會或臨時全代會，由蔡主席提案，通過開除陳水扁與吳淑珍的黨籍。這對夫婦昨天雖已自動退黨，只是一種「傷害控制」手法。民進黨不能毫無骨氣，默默地接受阿扁強加於黨的恥辱的。

再次，蔡主席與中執會應要求黨內原屬阿扁嫡系幹部如高志鵬、羅文嘉等正式表態。他們如不肯和扁劃清界線，也應跟隨退黨。

最後，取消八月卅日的遊行。不管使用什麼藉口，這次遊行只會被民眾當作阿扁的垂死掙扎，引起一陣譏笑。民進黨或蔡主席實在沒有跟陳水扁「陪葬」的必要。

卅五、新援外政策　希望走得通

（原刊九十七年八月十三日《聯合報》民意論壇）

馬英九昨天搭華航班機啟程訪問中南美，即所謂「敦睦專案」。抵美境後改乘小型包機，先在巴拿馬稍停，與杜里荷 (Martin Torrijos) 總統會晤；隨即轉往巴拉圭，參加魯戈 (Fernando Lugo) 總統就職典禮。從亞松森飛加勒比海途中，將在德州奧斯汀稍停，只為加油，可能根本就不下機。然後直飛多明尼加共和國首都。預定十九日清晨就回到台北，前後不滿一週，辛勤可以想像。

此行最重要的特色，就是不學陳水扁那一套，過境就是純過境，不在海外開記者會談國內政治，出口轉內銷，值得國人鼓掌。有名嘴認為從美國開始租用的包機太小，顯得寒酸，沒有大國氣派；也有人批評團員太少，連隨行醫師在內才十二位。這些正是新政府要與舊政權劃清界線的地方，和他四日偕同劉兆玄院長視察外交部時所說：要掃除八年來「烽火外交」與「金援外交」累積下來的不信任感，若合符節。

問題在於我國剩下的廿三個友邦，胃口被阿扁餵大了，你和它談發展基礎建設、振興國內經濟，它聽不聽得進去？無人敢作擔保。馬總統此次共將會晤七、八位中南美元首，他如何解釋台灣的新援外政策，將是此行成敗的樞紐。

隨行名單裡有國合會祕書長陳連軍，顯示新政府有意回到以積極提供技術與經費援助友邦，取代民進黨時代的「支票外交」。這條道路的正確性無庸置疑，希望這次真能走得通，全國人民都寄予厚望。

卅六、美經濟「慢動作的崩潰」?

（原刊九十七年八月十一日《中國時報》時論廣場）

一週來全球注目的焦點，無疑是北京的奧運會。豈止台灣，全世界文字與電子媒體四千名記者早已進駐廿四小時提供服務的國際媒體中心，任何事件都被報導無遺。我既沒有擠熱鬧的必要，講時效也無從與在現場的人比擬，不如回歸本行，就對台灣切身利益最重要的議題——美國經濟真的在走下坡嗎？檢討各方最近發表的言論，由國人客觀地自行判斷。

本篇標題「慢動作的崩潰（Slow Motion Meltdown）」有些聳人聽聞，但也不是我憑空揑造的。它是《紐約時報》社論對版專欄作家、普林斯頓大學經濟系教授、自由派經濟學家克魯格曼（Paul Krugman）八月四日在《紐時》刊出專欄的標題。Meltdown 一字源自核子反應爐爐心熔毀，輻射塵四散而造成的重大災難。美國口語借用以形容股票市場一夕慘跌數千點，整體經濟崩潰的局面。初讀似乎過於嚴重，但過不在我，併此聲明。

克魯格曼從美國「兩房」危機導致房市續跌，失業人口劇增，聯邦準備理事會一年來連續調降利率九次，仍毫無效果等因素推論，說美國經濟正在慢慢地失控，幸好尚未發生震撼全球的崩潰，應該算是好的一面。壞的一面，則是現在這種「慢動作」的崩潰已經歷時一年，仍無休無止地在默默進行中，以致很多人不瞭解這場災禍的嚴重性。

同一天，前美國聯邦準備理事會主席葛林斯班在倫敦出版的《金融時報》(*Financial Times*) 上發表署名的專論。

葛老開章明義便指出：這次經濟危機與以前都不一樣，它肇因於主要金融機構陷入破產的危險，可謂百年僅見的事例。

雖然各國中央銀行競相釋出鉅額信用，但倫敦同業拆放利率 (London Interbank Offered Rate, LIBOR) 卻未跌回原有水準。因此他認為各國恐怕還要從穩定房屋價格、阻止股市崩盤、增加國內生產、活潑國際貿易等基本面著手。

連續主宰美國金融達廿年之久的葛林斯班，在本文結束前，或因向來說話喜歡打啞謎的積習難除，又耍了一次嘴皮子。他寫道：「美國今日經濟不景氣的原因，起自人們內心的不安，像鐘擺一樣從惶惶不可終日，擺到充滿幻想歡樂的另一頭，然後又擺回另一端。」他已經沒有實際職務了，這種模稜兩可說了等於沒說的官腔，怎能使讀者信服？

倒是現任聯邦準備主席的柏南克 (Ben Bernanke) 早在今年四月出席眾議院作證時，已經鬆口承認：「經濟有衰退的可能 (a recession is possible)」。到七月十五日，依照英國《曼徹斯特導報》報導，柏南克在參議院財政委員會作證時，不得不承認美國經濟正「面對無數困難」，以致「成長緩慢」。幸虧那天挨罵最慘的是財政部長鮑爾森 (Henry Paulson)，不是他。

七月十六日，紐約「外交關係協會」的副總編輯泰史歷 (Lee Hudson Teslik) 在該會網站上發表題作〈重估經濟崩潰的可能性 (Meltdown Risk, Revisited)〉，要旨在點出縱然「兩房」危機暫時獲得喘息，前景並不樂觀。因為，無法遏止的通貨膨脹、難以捉摸的原油價格和瀰漫金融業的虧損裁員風潮，都使得經濟復甦更加遙不可及。

十七日，紐約《經濟日報》(*Business Day*) 用「停滯型通貨膨脹 (stagflation)」一字，道盡了美國今日困境。該文引述各行各業的數字過於瑣碎，但結論很清楚，即美國要從這波停滯性通貨膨脹泥淖中脫身，還需要相當時間。

美國是全球最大的經濟體，國民生產總額達十五兆美元，遠超過第二位中國大陸的十二兆美元。人均生產額四萬五千美元，僅次於盧森堡、百慕大 (Bermuda) 和列支敦斯坦 (Liechtenstein)，中國無法與之相比。

美國朝野自然知道問題所在，該全力搶救時絲毫也不敢懈怠；比台灣立法院只知坐言而不能起行強得太多。我們還在吵該不該退稅，從哪裡找錢退還給納稅人時，美國人在七月底八月初已經收到國稅署 (Internal Revenue Service) 寄出的退稅支票，大多數人隨手就花掉，因而刺激了零售業的總營業額。另一方面，由於美元貶值，出口增加，對國際收支也不無小補。

縱然有這些令人鼓舞的消息，從大局趨勢去看，「慢動作的崩潰」仍像墨西哥灣的颶風 (hurricane) 般，罩在人們頭頂的烏雲不肯散去。它仍威脅美國整體經濟的成長，令三億美國人民心情輕鬆不起來。

卅七、歐巴馬的歐洲旋風

（原刊九十七年八月四日《中國時報》時論廣場）

美國開國二三二年來，不論民主、共和、或什麼小黨，從沒有總統候選人跑到外國去競選的前例。這次卻被歐巴馬打破了，七月裡他先去南亞和中東，訪問科威特、阿富汗、伊拉克、約旦、以色列和巴勒斯坦；然後取道歐洲，分訪德、法、英後返美。

難以置信的是，歐巴馬所至之處，萬人轟動，在柏林常辦搖滾音樂會的動物園（Tiergarten）廣場的演講，有二十萬人在場，直追一九六三年冷戰高峰時甘迺迪（John F. Kennedy）總統名留史蹟的「我也是個柏林人！（Ich bin ein Berliner!）」演講的聲勢。

原本只因被共和黨麥肯陣營攻擊說他缺乏外交經驗，想親身經歷美國在熱戰地區的真實處境，結果卻因國際媒體對他無窮的好奇心，造成美國歷史上首次總統候選人在國外競選，因而影響到國內選戰聲勢的實例，歐巴馬本人恐怕也始料未及。

他也並非單獨出訪，同行還有另兩位參議員：民主黨的李德（Jack Reed, D.-Rhode Island）與雖屬共和黨籍，卻也反對美國介入伊拉克的海格爾（Chuck Hagel, R.-Nebraska）。七月十八日，在極度對外保密下，三人先飛到科威特，只為慰勞駐紮當地的美軍官兵，表示關懷。然後續飛阿富汗首都喀布爾。

嚴格而言，這只是國會休會期間，參議員出國訪問的一個團。歐巴馬只帶了一位外交政策顧問李佩特 (Mark Lippert) 同行，精簡達於極點，收穫卻遠超過預期。各國媒體幾乎未提同行兩位參議員一字，好像他們根本就不存在。

在阿富汗，歐巴馬一行與美軍及北大西洋公約部隊指揮官在 Bagram 空軍基地會晤。然後續飛伊拉克，和駐伊美軍司令帕特萊 (David Petraeus) 上將見面。兩年前歐氏首次訪伊，主要因為他反對布希政策，力主美國撤出伊拉克。這次碰上去年獲布希支持增兵二萬餘人的統帥，兩人摩擦定有火花，只是外界無從得知而已。

伊拉克民選政府對歐巴馬來訪的重視，不在話下，從正、副總統到內閣總理都和他有長談。伊國已無外患，重點在阻止遜尼與什葉兩派的內戰。塔拉巴尼 (Jalal Talabani) 總統本就預期逐步接管巴格達和各省防務，到二〇一〇年美軍可完全撤離，因而和歐氏倒沒發生什麼重大爭執。

七月廿二日，歐巴馬抵達約旦，會見阿布都拉國王 (King Abdullah) 後，首次舉行記者會，暢談所獲印象，他要美軍完全撤出伊拉克的主張，自然贏得全世界報紙的頭條。從那時起，歐氏競選總部包租專機，各國媒體都可付費搭乘，聲勢更加浩大。

下一站以色列，是美籍猶太人全力支持的國家。歐巴馬小心翼翼地逐一拜訪總統裴瑞斯 (Shimon Peres)、總理歐爾默 (Ehud Olmert)、副總理兼外長李福尼 (Tzipi Livni)、國防部長巴拉克 (Ehud Barak) 及反對黨工黨 (Likud) 領袖、曾任總理的內唐雅胡 (Benjamin Netanyahu)。

內唐雅胡前天已要求舉行大選，企圖奪回政權。而歐巴馬在「哭泣之牆 (the Wailing Wall)」前的照片，又上了全球報紙的頭版。

歐巴馬也沒忽略巴勒斯坦和阿拉伯世界，他特別到約旦河左岸拜會臨時政府的阿巴斯 (Mahmoud Abbas) 總統和法雅德 (Salam Fayyad) 總理，以保持平衡。以巴仇恨是中東問題的核心問題，歐氏顯示不偏不倚的態度，拿捏可說恰到好處。

從中東轉往歐洲，他又換了副嘴臉。德國總理梅克爾夫人反共立場堅定，是布希總統好友。歐巴馬改向德國反叛的年輕世代訴求，他先語出驚人，說美、德兩國有漸行漸遠的危險。但作為「世界公民」，兩國必須捆綁在一起，雙方都需要反恐、反對宗教狂熱、並支持在阿富汗的北大西洋公約部隊。同日，柏林宣布駐阿富汗的德軍將增至四千五百人，他兩面討好的策略又奏效了。

廿五日，歐巴馬到了巴黎，只停留幾小時。他和薩科奇總統閉門會談後，共同接見記者。兩人談話內容包括溫室氣體效應、達富爾問題和以巴爭執。薩科奇毫不諱言歐氏如果當選，法、美關係會更加親密。有記者問歐巴馬如果當選，他將如何改變布希的外交政策，歐才不上這種當，他回答說美國只有一位總統，政策由此人制定，他不會在國外隨意批評。

最後一站的倫敦，布朗 (Gordon Brown) 首相正被內政問題鬧得焦頭爛額。歐巴馬雖然到了唐寧街十號 (10 Downing Street)，與布朗會談。只有他一人出來面對記者，英方無人在旁陪伴。

七月廿七日，這場九國之旅結束，對歐巴馬選票的幫助很大，對美國形象有無幫助，就要看十一月投票結果了。

卅八、雖暫度「兩房」危機　美經濟陰霾未消

（原刊九十七年七月廿八日《中國時報》時論廣場）

美國參議院週末很少開會，七月廿六日卻破例在星期六開議，以七二票對一三票，通過財政部長鮑爾森所提搶救「房利美」和「房地美」兩家半公營金融機構的方案。眾議院在七月廿三日，先以二七二比一五二票通過同一個案子。由於兩院版本都採取行政部門送審的原文，沒有差異。今天送交白宮後，布希總統肯定本週會簽署該法案，讓所謂「兩房」危機暫時解除。

七月廿二日，《紐約時報》社論曾指出，白宮原對其中一項規定，即以四十億美元資助各州政府把屋主因無法償付貸款而遭銀行強制接收（foreclosure）的房屋再買回去還給屋主，有意見，認為易生弊端；一度揚言如有這項條款，總統將依職權予以否決。幸虧到最後一刻，布希總統改變了主意，全案才未節外生枝。

台灣媒體生吞活剝地把「兩房」引進新聞，民眾對這兩個機構已經耳熟能詳，但所謂「次級房貸」究竟是怎麼回事，很少人弄得清楚。又適逢民營的IndyMac銀行倒閉，它經營的也是房貸生意，電視台每提「兩房」，螢幕上出現的卻是加州這家民營小銀行，更加混淆觀眾視聽。

先講「房利美」。它是小羅斯福總統一九三八年在「新政」下創設的公營金融機構，以方便市井小民購屋。此後卅幾年裡，地方性小銀行辦理平民平均卅年為期的購屋貸款後，轉身再把若干同類的貸款整批「賣」

給「房利美」，所以全美大約有一半的房屋貸款債權，最後都到了它手上。

美國法律規定：公營銀行的年度預算必須列入政府總預算，送交國會審議，既費時又囉嗦。到一九六八年，為避免麻煩，政府索性將房利美改成民營公司，發行股票，公開上市。這次風波便是因「兩房」股價大跌而引起的。

「兩房」究竟有多重要？以總部設在華府的「房利美」為例，它職員有五千四百人，總資產八千八百五十二億美元，股資占四百四十億美元；去年虧損廿億，小意思而已。今年卻因被捲入次級房貸風波，受傷慘重。而窟窿究竟有多大？它每股價格，一個月來跌了三三・八%，一年來暴跌了七六・一二%，難以支撐了。

「房地美」設在華府郊外，雇員五千人；二〇〇六年營業收入四百四十億美元，在《財星》(*Fortune*) 雜誌去年全美五百大企業排行中仍名列第五十；《富比世》(*Forbes*) 今年全球二千家公營企業中，它更名列第廿位。「房地美」去年實際虧損數字不敢公布，只看受這場風暴影響，它在證交所掛牌的每股交易價格，一個月來跌掉四六%，一年來更慘跌八二%，便可想像。

若非國會及時伸出援手，這兩家號稱掛牌上市，實際最多只能稱為「公民合營」而充滿官僚氣息的公司，非倒閉不可。只因為這兩家合起來，掌握有全美一半的房貸債權。如果真讓它們垮台，再加上石油與糧食價格飛漲，美國經濟受創程度，會比一九二九至三二年的「大恐慌」更嚴重。

廿世紀末，金融業發明了許多「衍生性金融商品」。地方性銀行為靈活運用資金，將貸出的房地產貸款債權連同抵押品做成「包裹」，一併轉手賣給「兩房」之一，已成普遍現象。按理說，這也未必導致今天的風潮。要瞭解原因，必須從美國人寅吃卯糧的習慣，與國內房市慘跌說起。

美國的升斗小民，有錢就花，儲蓄率遠落其他國家之後。一般人省吃儉用，早年買房的分期付款，卅年後本息或已還清，或者只剩些微小數。早幾年房價不錯，很多人想到何不把房屋再去抵押一次，即所謂「次級房貸」，到手的錢或用來付子女的大學學費，或買輛休閒旅行車自己享受，蔚為風氣。到前年房價泡沫化後，問題來了。

我和許多美國朋友聊過，美國也是M型社會，高級住宅區例如紐約曼哈頓島或皇后區的法拉盛，房價是不會跌的，受創者都是遠離大都市的小鄉小鎮。何以造成風波呢？道理很簡單，假如一棟房屋還有六〇%的貸款未清，而房價已跌到比未償餘額更低，屋主明知即使能賣掉，所得也不足償付房貸，還不如一走了之。

另一種捲入這場風波的房貸，是所謂「次利率房貸(subprime mortgage)」，有媒體把它和「次級房貸(secondary mortgage)」混為一談，更是荒唐。「次利率」實際表示這種房屋貸款的利率，比優惠利率(prime rate)為高。次利率房貸的利率既然比別人高，憤而停付貸款，把爛攤子丟給銀行的屋主就更多了。

國會雖已及時救援，「兩房危機」牽涉太廣，非三年兩載所能清理。美國尚須面臨原油與糧食價格飛漲，國際收支無法平衡的種種困難。遙望今明兩年，無論歐巴馬還是麥肯贏得年底大選，美國經濟前景陰霾未消，仍難走出困境。

卅九、大陸善意 台灣如何回應？

（原刊九十七年七月廿六日《聯合報》民意論壇）

大陸國台辦發言人李維一、楊毅向台灣駐北京媒體記者保證，依據一九八九年的香港協議，大陸編印的文件、手冊等，凡遇到台灣團隊人員，一律稱為「中華台北」。

這是北京當局在台灣媒體擾擾攘攘一個多星期後，明確釋出的善意表示。雖然拖了個尾巴，說大陸媒體如何稱呼，他們管不著。以中共中宣部及所屬機構的權威，奧會既已改正，別人豈敢不追隨照辦？果然，中新社率先照辦，其餘媒體肯定乖乖跟進。

馬英九上任兩個多月來，大陸政府依照胡錦濤十六字真言「建立互信、擱置爭議、求同存異、共創雙贏」，已經一再釋出善意。馬未經磋商，自己訂下的七月四日開始直航，與開放大陸旅客來台，對方都配合做到。這次綠營立委好不容易咬住「中國台北」的小辮子，以為可左打國民黨無能、右罵中共打壓，卻又撲了個空。

馬總統和劉院長應該檢討，台灣在同時間裡，對北京釋出這麼些善意，難道不須作任何回應嗎？我以為有一件惠而不費的事，現在正是回報的好機會，那就是恢復國統會的運作。

短短幾百字的「國家統一綱領」，李登輝時代經行政院會通過，有它的堅強法律基礎。陳水扁兩次就職演說中都提「四不一沒有」，信誓旦旦地保證「沒有廢止『國統綱領』與國統會的問題」。但他在第二任期中，九十五年三月一日，指使行政院院會決議：「國統綱領」「終止適用」。

民進黨的行政院既然可終止適用，政權再度輪替後的行政院自然可以「恢復適用」。只要提出院會正式通過，「國統綱領」就可重新成為國家政策的指導原則。綠營立委少不得吵鬧說要討好北京。但只要看「國統綱領」的目標，清楚地寫著「建立民主、自由、均富的中國」。在原則項下，指出「大陸與台灣均是中國的領土」，如談統一「應以發揚中華文化、維護人性尊嚴、保證基本人權、實踐民主法治為宗旨」，有哪一句是台灣二千三百萬人不能接受的？沒有。

「國統綱領」進程，分為近、中、遠三個階段。自民國八十年至今，近程的交流互惠階段事實上已快走完。恢復國統會後，可直接進入中程互信合作階段，包括「建立對等的官方溝通管道」、開放三通、「協力互助，參與國際組織與活動」、以及「高層人士互訪」，現在都正在推行。至於遠程目標，現在不急，慢慢再說。

四十、四一三億治水巨款　不可交地方

（原刊九十七年七月廿二日《聯合報》民意論壇）

新政府劍及履及，移緩濟急，通過以擴大內需預算下的四一三億元作治水之用。舉雙手贊成之餘，我要奉勸劉兆玄院長，這筆巨款絕不可交給地方政府去辦。

台灣地方政府行政效率之低，人所共知，無待多言。這與地方首長是兩碼事。縣市長多數都很清廉，但仍無法根絕手下人勾結奸商，營私舞弊。如果把這麼大的經費交給各縣市去辦理，休說包商見錢眼紅，到處去找關係走門路；地區立委肯定也會軋一腳，綁住幾個樁腳，作為下屆競選準備。

治水必須以水系為單位，分給各縣市，理論上也說不過去。何況「各人自掃門前雪」的結果，難免以鄰為壑，更違背整體治水的基本精神。這問題在中央也存在，有人算過可管到治水問題的部會級與署級單位達十個之多，如何整合確非易事。

幸虧行政院訂下一個月內提出整體計畫。希望真正的水利專家如台北縣副縣長李鴻源所提全球氣候變遷的因素能受到重視，連同南部地區魚塭抽取地下水過量、高山濫墾濫伐造成的水土保持等等早已存在的問題，包括李副縣長在電視節目上所提，如何勸使魚塭養殖業者改行的主張，非常有創意，都可一併納入考慮。

不論最後的全台治水計畫如何，我建議：可分期動用十個左右的陸軍工兵營，交政務委員蔡勳雄的專案小組指揮，由中央直接辦理治水工程。

我的理由如下：首先，不論疏浚溪流、修築道路堤防、擴建下水道之類的工程，都不是高科技。所有包商能承包的工程，交給軍方同樣能勝任愉快。對工兵而言，這也是一種戰備訓練，軍方會認為這是一舉兩得的好主意。

其次，這種案件交給地方政府，必須公告招標，只會招來地方派系和利益團體，像一堆蒼蠅般嗡嗡圍繞，既浪費時間，又虛耗人民血汗賺來的納稅錢。萬一下半年鋼筋水泥價格再上漲，「虧本的生意沒人做」，棄保潛逃倒有可能。

第三，工兵不會偷工減料，更不會把中央運來的建築材料，偷偷轉賣給商人。施工品質可說百分之百有保證。施工材料由中央統籌採購，也不會發生私人建商為鋼筋水泥價格飛漲而生的各種弊端。

相信經過卡玫基的慘痛經驗後，政府有根本防治水災的決心，劉內閣也有設計一套完整計畫並切實執行的能力。只要肯做，新政府的支持度仍然會爬升到五〇%甚或更高。

四一、蘇丹總統遭起訴　反映國家主權觀念的侵蝕

（原刊九十七年七月廿一日《中國時報》時論廣場）

每次應邀向外交科系的同學演講，我總提出國際法不斷在改變中的事實，希望他們能注意這些新觀念。其中最重要的便是過去被認為神聖不可侵犯的傳統「主權」，正逐漸萎縮。

舉例而言，過去認為國家領空可向上無限延伸。但今日世界，滿天都是各國的人造衛星，不停地拍攝照片傳回基地，其中如氣象衛星對預告颱風頗有幫助，但大部分都作間諜用途，連台灣都有一枚衛星。今日如界定領空範圍，恐怕只能到大氣層（atmosphere，即七．八一公里，或二萬五千六百英尺）為止。三萬英尺以上的空間，你可以隨便亂飛，不論各國承不承認，無法改變這個現實。

又如在聯合國主導下，近年有許多新觀念，如「善良治理（good governance）」和「失敗國家（failed state）」，以及在海牙「國際法院（International Court of Justice, ICJ）」之外，再特設「國際刑事法院（International Criminal Court, ICC）」。這些變遷顯示的意義很清楚，老舊的主權觀念正逐漸失勢，廿一世紀真的將轉為「世界村」了。

七月十四日，國際刑事法院發出新聞稿，說該院首席檢察官莫瑞諾—歐坎波（Luis Moreno-Ocampo）已正式針對非洲蘇丹共和國總統巴希爾（Omar Hasan Ahmad al-Bashir）起訴，指控他在蘇丹達富爾地區犯了種

族屠殺罪 (crimes of genocide)、違反人道罪 (crimes against humanity) 和違反國際公認的戰時法罪 (war crimes)。

雖然一九九九年就曾有 ICC 的前身 ICTY (International Criminal Tribunal for the Former Yugoslavia) 審判塞爾維亞總統米羅塞維奇 (Slobodan Milošević) 的案例，這次仍然是國際法的重大發展。因為巴希爾是現任掌權的總統，可以指揮陸空軍迎戰入侵部隊，而且蘇丹並未簽署後來由一百廿國批准的《羅馬條約》(*Treaty of Rome*)。問題是：起訴了，但如何執行，由誰來執行呢？

ICC 在二〇〇二年才正式成立。六年來，這是它第一次控訴一國現任元首，也是初次引用「種族屠殺罪」為罪名。難怪仍駐蘇丹的聯合國人員緊張萬分，大部分立即撤出，留守人員也不敢上街採買。幸而蘇丹政府承諾不會對他們報復，但將用盡一切「外交手段」洗刷國家名譽。

莫瑞諾—歐坎波的起訴書指控巴希爾總統「基於政治動機，以剿匪為名，實圖滅絕種族」，命政府軍和阿拉伯裔民兵不分青紅皂白地對祖居達富爾區的三個少數民族 Fur、Masalit 和 Zaghawa 進行屠殺，致使三萬五千人身亡，一百五十萬人流離失所。

這位阿根廷籍檢察官只能起訴巴希爾，還須等待 ICC 三位法官組成的合議庭裁決是否成案。按照過去經驗，歐坎波起訴了十一個案子，都未遭駁回，這次的成功機率也很大。合議庭研議本案約需二個月時間，最快也要九月中才宣布結果。

巴希爾政府也不著急，聲稱將循「法律與外交途徑」捍衛國家名譽。那十一個案子裡，ICC 有二張傳票就是針對蘇丹官員發出的，蘇丹不但未予置理，其中一位反被升任「人道救濟部長」(Minister of Humanitarian Affairs)，刮了 ICC 一個耳光。

辦外交本來就常拖拖拉拉，ICC 過問達富爾事件，是二〇〇五年受聯合國安全理事會之託辦理。但安理會上週祕密會商，中國與俄羅斯都明確反對制裁蘇丹。美國、英國、法國與德國原希望中國大陸因奧運即將開幕，顧慮全球觀感或許會棄權，而俄國如亦跟著棄權，對世界輿論總算有了交代，但這希望也落空了。

中國有恃無恐，始終以高姿態反對。七月十五日北京外交部例行記者會，發言人劉建超被外國記者追問不停。他先表示中國嚴重關切和憂慮：「ICC 所有舉措應該有助於維護蘇丹局勢的穩定和達富爾問題的解決，而不是相反」；達富爾地區形勢正處於「敏感關鍵時刻」，各方應該「避免給問題的解決增加新的複雜因素、干擾，甚至損害各方合作的氣氛」。

外國記者窮追不捨，最後問：假如巴希爾出席北京奧運開幕典禮，中方是否保證他的安全？劉建超回答說，蘇丹是主權獨立國家，他不知道巴希爾會不會來，但中國會保證各國領導人在北京開幕式和觀摩奧運期間的安全。新華社網站上這次記者會的問答全文，只能讀看而無法下載，是否因為本案的敏感程度，就不得而知了。

我的看法是：ICC 起訴巴希爾縱使成案，也很難有結果。但不管怎樣，傳統國際法的主權觀念又被削弱了一次。長久而言，國際關係和世界組織的演變終將迫使許多大獨裁者如巴希爾、辛巴威 (Zimbabwe) 的穆加比 (Robert Mugabe)、或緬甸的丹瑞 (Than Shwe) 不敢再為所欲為，人類仍將朝向世界大同政府的道路上，跌跌撞撞地慢慢前進。

四二、出馬中南美　不如交副總統

（原刊九十七年七月十五日《聯合報》民意論壇）

報載馬英九總統八月將出訪中南美，在國內政情仍未穩定，全球經濟直落之時，我期期以為不可。先從出訪表面目的講起。巴拉圭固然是台灣在南美僅存的邦交國。四月舉行的總統選舉，連續執政達六十一年的「紅黨（Partido Colorado）」，出人意外地被「愛國求變聯盟（Alianza Patriótica para Cambio, APC）」共推出的候選人魯戈擊敗。

惟日前外電報導，即將卸任的紅黨副總統佛朗哥（Federico Franco）五月忽然放話說：台灣將提供七千一百萬美元的無償贈款，給巴國新政府。這就是問題所在：如果捐助給巴拉圭，又將如何應付其餘邦交國的需索？當前世界經濟極度疲軟，政府財政如此吃緊，即使咬牙負擔了這一筆，別國勢必看樣學樣。這是我反對總統親自出訪拉美的第一個原因。

我不相信馬總統會效法陳水扁，藉訪問拉美為名，行「過境外交」之實。這幾天報載白宮國安顧問哈德利（Stephen Hadley）打電話給國安會祕書長蘇起，有關人士都已正式否認。稍懂美國政治的學者都知道，白宮目前只求平安下莊。此時即使讓馬路過紐約或洛杉磯，對兩國實質關係不可能有什麼正面的幫助。萬一發言不慎，引起大陸向華府抗議，倒很有可能。

美國民主、共和兩黨提名大會，要八月底才召開，何況麥肯與歐巴馬兩人還要廝殺三個月才能見分曉。我不知道總統府內有幾個人曾查過歐巴馬外交政策顧問團的名單，第一名就是卡特任內國安顧問、對台灣極不友好的布里辛斯基。美國各報刊早已開始為雙方外交顧問陣營在打筆仗。台灣能做的最聰明的事，就是遠離混戰，靜候塵埃落定。

貴為一國總統，尤其當前國內政局一波未平，一波又起的情形下，沒有喘息的時間。我建議由蕭副總統萬長代表去出訪，以他豐富的外交經驗，無論對方提出什麼要求，都可應付裕如，留下充分迴旋餘地，等候馬英九做決定。

四三、G8日本高峰會　仍是雷聲大雨點小

（原刊九十七年七月十四日《中國時報》時論廣場）

第卅四屆「八國集團（G8）」年度高峰會議上星期在日本北海道洞爺湖開了三天。福田康夫首相首次有機會與各國領袖共聚一堂，因而大事鋪張，花費達六百億日圓，這並非外界猜測，而是外務省網站宣布的數字。其中三百億專作軍警保護各國元首之用；外務省只分到二百五十五億作為會議開支，浪費程度令人咋舌。

福田本人與大會幾位發言人更不厭其煩地對世界各國來的採訪記者團疲勞轟炸，從七月七日的日美兩國經貿與競爭體制為配合「自由貿易協定（Free Trade Agreement, FTA）」應如何改革，到最後他宣讀的「大會主席總結（Chair's Summary）」，長篇累牘，世界各地區所有問題，無一不包括在內，卻沒有幾個外國記者會把它讀完。

老實說，「八國集團」在一九八〇年代或許說得過去，廿一世紀則早已過時。被屏除在G8之外，作為特邀貴賓的五國，不論就工業生產、蘊藏資源、開發潛力各方而言，超越法國或義大利不可以道里計。即使因固有成員反對，暫時無法改弦易轍，G8終究還是改成"G13"，較為合理。

這次八國領袖中，俄羅斯總統梅德維傑夫與英國首相布朗也是首次出席。對布希而言，則是任內最後

一次了，美國是日本最大盟國與安全支柱，因此布希在七月六日提前乘「空軍一號」專機抵達，七日與福田開了一天雙邊會議。所談的兩國將迅速行動，打壓原油與糧食價格，究竟會產生多少效果，只有天曉得。其實主要因美國考慮與北韓建交，布希要說服日本盟誼鞏固，不必恐慌。

拘泥於傳統的日本外務省，遵循G8習慣，八日舉行一天的高峰會，只限原始八國領袖參加：即美國總統布希、英國首相布朗、法國總統薩科奇、德國總理梅克爾女士、俄國總統梅德維傑夫、日本首相福田、義大利總理貝魯斯科尼 (Silvio Berlusconi) 與加拿大總理哈珀 (Stephen Harper)。

其餘特邀貴賓，第一類政府領袖五人：中國國家主席胡錦濤、印度總理辛格 (Manmohan Singh)、巴西總統魯拉 (Luiz Inácio Lula da Silva)、墨西哥總統卡德隆 (Felipe Calderón) 和南非總統姆貝基則須等到九日才能與原始八國坐在一起，討論世界面臨的從辛巴威到緬甸的種種問題，因內容無所不包，也只能點到為止，無法深入解析。G8每次開會都如此，這回更無例外。

依照新華社報導，以非正式身分出席特邀貴賓與八國集團元首「對話」的，還有澳洲總理陸克文 (Kevin Rudd)、印尼總統尤多約諾 (Susilo Bambang Yudhoyono) 和南韓總統李明博。但日本外務省的貴賓名單上沒有這三位的姓名，不知為何。

第二類「特邀貴賓」囊括大部分國際組織的負責人，包括歐洲聯盟、聯合國、國際原子能總署 (International Atomic Energy Agency, IAEA)、國際能源總署 (International Energy Agency, IEA)、獨立國家國協 (Commonwealth of Independent States, CIS，俄羅斯主導的舊蘇聯國家組織)、聯合國教科文組織 (United Nations Educational Scientific and Cultural Organization, UNESCO)、世界銀行、世界衛生組織 (World Health Organization, WHO) 與世界貿易組織 (World Trade Organization, WTO) 等。這些人只有旁聽的分，除散發文

件，希望各國外交部長能帶回去交給主管司參考外，沒有他們講話的餘地。

這樣的高峰會，功能只在宣傳地主國的國際地位，實際收穫有限。《紐約時報》特派員七月十日的報導，指出雖然會中決議對排放溫室氣體「大量削減（deep cuts）」，預定到二〇五〇年減少一半。環保團體仍不滿意，質問這一半的基數是怎麼算出來的。究竟是以一九九七年《京都議定書》時為底數？還是以現今已較當年增加了二五％的排放量為基數？沒有人願意回答。

雖然胡錦濤以前只參加過四次，但他深知G8的缺點，在北海道停留的時間只有短短二天。在中央書記處令計劃、王滬寧與國務委員戴秉國和外長楊潔篪陪同下，胡單獨會見了日本、美國、俄國、法國、加拿大、巴西、印度等多國領袖，另外集體會見了其餘特邀四國元首。

從會見對象的選擇，可看出中國大陸對這些國家重視與否的態度。大陸新華社雖然對中國參與G8峰會大吹大擂，卻也發表了一篇社論，題為〈沒有中國的八國集團是殘缺的〉，顯然在呼應G8改組的要求。

七月九日下午三時卅分，「胡布會」後，兩人共同召開記者會。布希先一語帶過說，他們談到「台灣問題」，但是也談到許多其他地區問題，如非洲蘇丹共和國達富爾區衝突。胡錦濤哪肯讓他這麼容易脫身？依照白宮發表的兩人對媒體談話紀錄，胡主席清楚地表示，他曾向布希重述中國對台灣問題的立場，告知布希台灣海峽的現況，也要求美國繼續奉行「一個中國」政策。

四四、新聞局應徹底改組　但不是換局長

（原刊九十七年七月十三日《聯合報》民意論壇）

沈富雄朝史亞平放了一炮後，到美國去休息靜養，不知何時才返台。

從民國四十五年起，我在台北與紐約兩地，領過新聞局廿幾年的薪水，不但對它有份深厚的感情，也瞭解政府遷台後，從沈昌煥的「政府發言人辦公室」到恢復南京時代董顯光出任新聞局舊制的前因後果。因而想藉此機會，從新聞自由與政府組織觀點，談談新聞局應不應該改組？和怎樣改組？

首先，不知是誰創出「新聞局長是政府的化妝師」這句話。流傳至今，變成大家的口頭禪。其實五十幾年來，台灣民主自由的程度，早已不需有人來替執政者塗脂抹粉，今年兩次選舉便是明證。老百姓是頭家，政府只是公僕，哪有公僕花用主人的錢，向主人自我推銷，宣傳他做得如何好的道理？

民進黨執政後，更發明了所謂「置入性行銷」，花大筆經費收買電視節目，在人民不知不覺中灌輸錯誤訊息。近年變本加厲，由行政院通令各部會，把這類經費集中交給新聞局，統籌使用。改革之道，唯有學習英美各國先例，嚴禁新聞局及各級政府機構藉「宣揚政令」之名，在媒體刊登廣告，出版「專輯」，或補助電視節目。

其次，新聞局有許多該管的事情，卻無暇兼顧。例如中南部林立的地下電台，有設備，有人員，從早

到晚廣播，專門捧綠罵藍，靠推銷摻雜西藥的假特效藥為生。警察機關很容易就可循電波追尋到電台地址。只因民進黨視他們為打擊國親兩黨的尖兵，故意裝聾作啞了八年。這種工作從前歸警備總部負責時，無人敢捋虎鬚。現在原應歸國家傳播委員會管理，又有NCC是否違憲的問題未決。新聞局既有廣播電視處，在組織法未修正前，應該負起責任，配合各地警察局，以雷霆萬鈞之勢，一舉清除這些被前政府縱容的社會毒瘤。

再次，新聞局今日內部有八大處，國外則設六十五個單位，是六十幾年來政府糊裡糊塗擴充的結果。例如電影檢查處原屬內政部，因發生醜聞而改歸新聞局管轄。中美合作的農業復興委員會裁撤時，它的電影製作小組由新聞局接收，後來就變成廣播電影處。美國新聞總署成立時，國會釐訂法律嚴禁對國內宣傳，現已併入國務院，特設一位副國務卿管理，可供參考。但因牽涉到行政院各部會職掌整體調整的問題，緩不濟急。

最直接而有效的辦法是：㈠立法院修法，明定新聞局以國際宣傳為其唯一業務，不得假借任何名義對國內宣傳。或㈡索性學美國，把國際業務與人員劃給外交部，增設一位常次專門負責。其餘如電影檢查處則劃歸文建會；出版處可劃給教育部，或基於出版自由原則，逕予撤銷。不論採甲案或乙案，有長期駐外經驗的史局長定可如邱正雄副院長所言，做個勝任愉快的政府發言人。

（本篇於報章發表時，因篇幅限制，略有刪節。現結集成書，為保存原貌，仍依原稿刊載，責任自負。作者謹註。）

四五、炸毀寧邊核子設施　金正日最大贏家

（原刊九十七年七月七日《中國時報》時論廣場）

六月份最重要的國際新聞，恐怕該數北韓主動炸毀寧邊核子反應器的冷卻塔了。全世界有幾十億人在電視機前目睹這戲劇性的一刻，加上美國「有線電視新聞網」首席駐外特派員克莉絲汀・安曼波（Christiane Amanpour）現場報導，不由人不信北韓的大獨裁者金正日確有與美國和解的誠意。

台灣人民也從電視轉播鏡頭與各報大篇幅報導獲知此事。新聞指出這座反應器過去曾生產五十公斤的鈽元素，足夠製造十枚核彈之用。卻獨缺冷靜分析的文章，指出北韓三面討好，氣死南韓與日本，是這場把戲的最大贏家。

老謀深算的金正日，據說今年五月就向美國提供多達一萬八千五百頁的文件，時間追溯到一九八六年。國務院東亞局韓國科科長、美籍韓裔的金成（Kim Sung）因而在五月間前往北韓首都平壤洽商細節。六月十日，金成冠冕堂皇地由首爾循陸路到北韓，廿八日炸毀寧邊冷卻塔時，精通韓語的這位國務院官員，成為現場最重要的觀眾之一。

這場戲的劇本早就寫好，把北韓合作而「就範」，當作布希總統外交政策的勝利，為他年底卸任劃下完美的句點。但六月廿六日，平壤外交部向「朝核六方會談」正式提出通知的對象，是北京而非華府。次日

北韓才對外公布，第三天正戲才登場。

炸毀寧邊設備的前一天即六月廿六日，美東日光節約時間清早七時四十分，布希總統在白宮舉行記者會，親自宣布說，平壤政權在朝核六方會談架構下，已向中國政府（注意：並非美國）提出關於該國發展核子計畫的正式申報清單 (declaration of their nuclear program)。

布希說，北韓同意准許中、美及聯合國「國際原子能總署」人員進入寧邊內部，視察反應器與廢料處理設施，並與工作人員晤談。國務卿萊斯更早有準備，她投書《華爾街日報》，算準該報會在六月廿六日刊出，以配合新聞。

真有這麼好的事嗎？布希知道媒體會產生疑問，他接著說，六方會談的基本原則就是「你一步，我一步 (action for action)」。因而美國政府將有兩點回應，一是解除在「對敵貿易法」下加諸北韓的限制，二是他將在四十五天內行文國會，把北韓從美方「支持恐怖主義國家」名單中除名。這兩項對北韓實質幫助不大，且聯合國安全理事會的制裁仍繼續有效。

但各方仍對布希這種給自己戴高帽子的態度，紛起質疑。紐約最具權威的智庫「外交關係協會」嚴詞批評北韓的「正式聲明」，指出有三大缺點：一、寧邊核子反應器只提煉鈽元素，原來就已閒置，而北韓對提煉核武級的濃縮鈾計畫，一字未提；二、聲明中對北韓歷年來曾將製造核武機密資料，提供給敘利亞、利比亞等國，違反國際《禁止核武擴散條約》一事，避而不談；三、北韓究竟已製成多少核子武器（按二〇〇六年十月已引爆過一枚所謂「核子裝置」），更全無交代。

這些批評都有憑有據：去年春節期間，北韓在六方會談中原已同意封存寧邊核子設施，包括核廢料再處理設備。那一招換來美國原則同意打破六十幾年的敵對狀態，考慮與平壤建交。當時美國與南韓還立即趕運六萬噸重燃油，幫助北韓渡過寒冬。

這次行動更快，六月卅日，美國「巴爾的摩號」貨輪，滿載美國與聯合國「世界糧食計畫署 (World Food Programme)」捐助的三萬八千噸糧食已抵北韓南浦港，避免餓殍載道的危機。「外交關係協會」兩位前任會長，前東亞助卿羅德 (Winston Lord) 與《紐約時報》外交記者葛爾柏 (Leslie H. Gelb)，肯定曾獲得內線消息，四月間就在《華盛頓郵報》(*The Washington Post*) 聯名發表文章警告說，布希可能為身後留名，使出這一招，果然成為事實。

這場啞劇除北韓自身外，最大贏家是中國，讓全世界都知道北京對平壤的影響力有多大。要做到「朝鮮半島無核化」，沒有中國就一切免談。俄羅斯聯邦雖在歐洲實力雄厚，在遠東卻難以發揮，不過能躋身六方會談，多少有賺不賠。

日本的處境最尷尬，首相福田康夫有苦難言，只能抱住北韓幾十年前擄去日本人的舊案，聲嘶力竭地向美國哭訴。萊斯國務卿已表示關切，作為安撫。今天起在北海道召開的「八國集團」年度高峰會議，也會表示支持，意思一下而已。

南韓總統李明博最慘，面對國內反對黨不斷遊行要求他下台，鎮暴警察和催淚瓦斯只會使局面更難收拾。那些上街鬧事的學生，難免有北韓特務參雜其間。單靠比爾‧蓋茲 (Bill Gates) 等人做他的國政顧問團，無濟於事，我真有點擔憂他的政治生命了。

四六、減低傷害 張俊彥應自行引退

（原刊九十七年七月五日《聯合報》民意論壇）

立法院昨天投票，出人意料的是王建煊雖然過關，沈富雄卻被拉下馬。立法委員依自由意志投票，已經造成一股聲勢。等下週就考試院提名人投票時，張俊彥恐無法通過，對新政府聲望的打擊不言可喻。

總統府昨天的反應只有「非常遺憾」四字。但僅表示遺憾不能解決問題，當前急務是如何把傷害控制在最小點。

我可以理解馬總統提名這位前交通大學校長出任考試院長的考慮。張不但被媒體尊稱為「台灣半導體之父」，他也是二二八受害人的遺屬。這與馬一貫承認六十一年前這椿不幸事件裡國民黨難以卸責的立場，前後一貫。初看確是一著好棋，比最初謠傳的黃昆輝真有天壤之別。

但身兼中央研究院院士的張校長，被提名考試院長後，連自傳都找別人代為執筆。到《壹週刊》報導他先授給白文正榮譽博士學位，然後長年接受寶來集團供給座車司機與祕書後，他向媒體辯解時，說得不清不楚，前後矛盾。甚至擬就的新聞稿被總統府打回票，局面已無可挽回。白文正自殺新聞繼續延燒，對張俊彥更有害無益。

馬總統在哈佛讀書時，應曾注意到美國行政與立法兩權間互相制衡的機制。凡助理部長以上的任何重要職位，總統有提名權，參議院則有同意權。因此白宮在咨文國會提名前，必先交聯邦調查局（Federal Bureau of Investigation, FBI）詳查被提名人過去有無不能見光的事情，英文叫做「壁櫥裡的骷髏」，以免被參議員挖掘出來，丟臉的不只是當事人，總統也落個灰頭土臉。

這是 FBI 例行工作，執行非常徹底。提名仍在保密階段時，被提名人就要填寫一份長達數頁、鉅細靡遺的「個人資料調查表」。該職務若涉及國家安全時，還要加填另一份更詳盡的表格，授權聯邦調查局從他本人查到三親等以內的家屬，資產與債務更不能有絲毫遺漏。

美國歷任總統為免在提名某人後，遭受國會否決，不斷增列應調查事項。八年前，華府著名的「布魯金斯研究所」，甚至與「浦氏慈善基金會」聯合出版了一本《被總統提名人的求存祕訣》。它不是一本語帶諷刺的玩笑書，而是一本正經地指導被提名人先自審是否該接受總統提名好意，如何填寫表格，怎樣應付參議員窮追猛打，和平靜回答尖銳問題的指南。

雖然這本書在二〇〇〇年就出版了，四年前布希總統提名柯瑞克（Bernard Kerik）出任新設的「國土安全部」部長時，還跌了一大跤，弄得鼻青臉腫。柯瑞克在參議院幾乎快過關了，卻因被查出他家雇用的一名保母疑是非法入境的墨西哥人，而柯氏夫婦漏未申報雇用她的開支，最後自行主動撤回提名；此事凡研究美國憲法的學者都耳熟能詳。

張俊彥的情形比柯瑞克要嚴重上好幾十倍。目前唯有他主動請馬總統撤回提名，另選賢能，才能避免對他本人和新政府另一場更大的傷害。

四七、南美十二國夢醒　成立本地區聯盟

（原刊九十七年六月卅日《中國時報》時論廣場）

去過華盛頓的人，一定曾路過憲法大道和十七街口的「美洲國家組織（Organization of American States, OAS）」大廈。這是世界第一個區域組織，理論上它的起源可追溯至一八二三年十二月的門羅主義（Monroe Doctrine）。那是因為十九世紀初，西班牙喪失制海權，歐洲強權紛紛想染指南美，美國端出大帽子「美洲屬於美洲人」，外人休想染指，以資抗拒。

當年只是理論，直到第二次世界大戰後，一九四八年 OAS 才正式誕生。六十年來，OAS 似乎也做過點事。問題在美國把它當作附庸機構，有閒時陪大家玩一下，忙時就擱置一旁。以保障人權為例，OAS 早在一九五九年就成立美洲人權委員會（Inter-American Commission on Human Rights, IACHR），十年後才簽署「美洲人權宣言」，又拖到一九七八年才生效，前後浪費了廿年。

類此事例不勝枚舉：到了一九七〇年才確立年度大會的制度；直到一九九一年，才規定會員國如發生軍事政變，祕書長應於十日內召集常務理事會討論；一九九四年，才首次在邁亞密舉行高峰會議。總之，OAS 處理任何問題，都比其他區域組織慢了好幾拍。這六十年來，歐洲聯盟、東南亞國家協會（Association of Southeast Asian Nations, ASEAN）、非洲聯盟（African Union, AU）、甚至加勒比海共同體（Caricom）和位於

南美的安地斯條約組織（Andean Community）都蓬勃發展，唯有 OAS 還在慢吞吞地原地踏步。

但南美洲的十二國終於夢醒，瞭解求人不如求己。二〇〇四年底在祕魯庫斯科市（Cuzco）舉行第一次元首會議，發表宣言。二〇〇六年底，也在玻利維亞舉行第二屆高峰會。今年五月廿四日，「南美國家聯盟（西文 Unión de Naciones Suramericanos, UNASUR）」終於在巴西總統魯拉主持下，在巴西里亞（Brasilia）正式成立。

UNASUR 號稱團結南美洲大陸十二國，依英文字母為序，有阿根廷、玻利維亞、巴西、智利、哥倫比亞、厄瓜多、蓋亞那、巴拉圭、祕魯、蘇利南、烏拉圭和委內瑞拉。

這些國家的總面積，加起來有一千七百七十一萬五千三百三十六平方公里，總人口達三億八千二百四十三萬三千人。國內生產毛額（GDP）總值名為二・三兆美元，如按購買力平價（PPP）計算，則有三・九二兆美元。每人平均生產值是六千零五美元，按 PPP 計算則為一萬零三百七十八美元。

南美國家聯盟成立大會通過了許多重要決定：目前由智利女總統巴契列特（Michelle Bachelet）暫代主席，以後每年輪流一次。UNASUR 的總部將設在厄瓜多首都基多市（Quito），尚未選出的祕書長就在那裡辦公。未來的南美統一國會，則選在玻利維亞的科恰班巴市（Cochabamba）。至於南美銀行（西班牙文 Banco del Sur）預定以哥倫比亞首都波哥大（Bogota）為總部，雨露均霑。

為促進南美整合，二年前首次峰會設立的特別委員會究竟改稱政治委員會或代表大會，還在研究中。但這十二國的外交部長，每六個月必須開會一次；南美洲所有合作機構，如南美共同市場（Mercosur）理事主席等人，均將列席外長會議。其他部長級會議，如能源部長等，則隨時視需要召開。

讀者們請暫勿著急，到今天為止，UNASUR 還只是紙上談兵。計畫一大堆，看起來很嚇人，但以南美洲人的性格，與各國間錯綜複雜的恩怨關係，能否實現，仍有待事實證明。

南美國家聯盟本預定在今年三月成立，為何拖到五月底呢？因為就在三月五日，哥倫比亞總統烏里貝(Álvaro Uribe)下令陸空軍越界進入厄瓜多，攻打反政府的左派游擊隊「哥倫比亞革命武裝力量（西文Fuerzas Armadas Revolucionarias de Colombia, FARC)」基地。這兩國吵得不可開交，怎能談合併統一？

哥國政府宣稱，在FARC基地擄獲的文件顯示，委內瑞拉左傾的查維茲總統曾撥款三億美元，資助游擊隊活動。據傳哥國軍機支援地面攻擊行動時，曾使用美國在厄境內租用曼塔空軍基地，因而美國也被捲入爭議。第二天拉烏爾・卡斯楚(Raúl Castro)掌權的古巴立即與哥國斷交。可見高談闊論掩蓋不住根深柢固的裂痕。

從另一方面看，南美經濟統合是勢在必行之路。UNASUR預定六年後互免部分關稅，再等五年就全部免稅。現在這十二國的人民，只要持有本國身分證，已可免簽證自由進出其餘十一國。南美洲還有些遺留的英國殖民地，則讓它們自生自滅。

在計畫中的還有能源合作，將十二國供電系統連結起來，互通有無。明年底，第一條從大西洋岸到太平洋岸的兩洋公路(Interoceanic Highway)就可完工。各國基礎建設也將統一標準，學歐盟一樣，走向整合的不歸路。

四八、同意權　應修法改唱名表決

（原刊九十七年六月卅日《聯合報》民意論壇）

立法院即將就馬總統提名的考試、監察兩院正副院長與委員行使同意權，全國選民都在看。

民進黨籍的立委自然會大吵大鬧，親民黨因劉文雄、馮定國、馬傑明等未能上榜，杯葛在所難免。無黨籍聯盟或許會幫點忙。照理說，國民黨有八十一票，應足護送被提名者全體過關。

但提名到現在，大家已聽見不少冷言冷語。國民黨籍的不分區委員雖偶有雜音，比較會遵守黨紀約束。至於各地區選出的委員，則摩拳擦掌，有意給馬英九難看。上週總統府邀請晚宴，能消除多少反對聲音，明日就見分曉。

我國憲法體制下，五權並立，互不干涉。過去被提名人如檢察總長陳聰明那樣，到立法院逐一拜訪所有委員，卑躬屈膝地懇請支持，豈止斯文掃地，把他的職位都弄賤了。王建煊希望監委候選人不要學樣，有何過錯？張碩文為此不爽，未免愧為立院國民黨團的書記長。

世上所有民主國家，國會議員都需要對他選區的人民負責。選民如何得知議員的表現呢？就是看那位議員對國家重大議題所採取的立場如何。唯有台灣，花費幾千萬乃至上億元台幣選上立法委員之後，許多立委就把選民拋在腦後，心裡只在想如何勾結官商，包工程，拿回扣，收回原來的投資。一些設在本籍的

「×××立法委員服務處」因而變成藏垢納汙的利益交易所。這與哪個黨執政無關，國民黨時期就已開始，近二十年只是變本加厲而已。

無論英、美、日本的議會，都有「唱名表決」的制度。我國的「立法院職權行使法」就同意權之行使，卻規定「以無記名投票表決」。臨時要想修改是來不及了。

我只希望在吳伯雄主席坐鎮之下，被提名人全部過關，只票數或有上下。事後國民黨應在下一會期提出修改這條法律，給選民他們應有的權力，藉以監督立委，回歸民主的基本精神。

四九、鏡頭前發病？媒體何不放過莊

（原刊九十七年六月廿五日《聯合報》民意論壇）

大家都在罵莊國榮。但停下來想想，媒體何嘗沒有一點責任？

民進黨執政最後半年裡，各家電視台為搶新聞，把教育部這位主任祕書捧上了天。他也不負眾望，唱作俱佳，出語驚人，從馬英九的「娘娘腔」批評到馬鶴淩的乾女兒，遠遠超出公平正義、甚至文明社會最低禮貌、所許可的範圍。休說民進黨的老三寶無法和他比擬，連杜正勝和謝志偉的風頭也被他搶光了。

各大電視台的新聞總監、編輯和記者，肯定會對前面這段話有意見。他們認為，電視新聞取決於觀眾「什麼樣的觀眾，才有什麼樣的新聞」。電視台只是提供觀眾想看的畫面而已，沒人理會的新聞，他們決不會播放。平心而論，辯解得不無道理。

問題在於媒體除滿足廣大群眾的好奇心與求知慾外，還有它導正視聽、教育民眾、引領風氣的責任。平面媒體裡，除那些專門挖掘隱私、譁眾取寵的周刊外，從各報處理莊國榮新聞的態度，可以看出負責編輯者的社會良心與正義感。三月廿二日投票之前，深綠報紙和香港來的報紙特別鍾愛莊國榮。比較正派一點的，雖然無法不登，但處理得相當保留。

今日回顧，「上杜下謝又連莊」，對馬蕭配破天荒贏得七百多萬票，貢獻良多。莊一人的助力，尤勝於另外兩位。朋友開玩笑說，國民黨該授給他們中山獎章或中正獎章，以資表揚。問題是：媒體已經把他餵養成鼎鼎大名之後，該如何收拾殘局？

我能想到的唯一先例，是柯賜海。此人有錢而不甘寂寞，曾經買了多輛箱型車，四周貼滿標語，巡迴市區。電視記者訪問任何人時，他總搶站在背後，手舉兩塊大紙牌，不知又在抗議什麼。對付他的辦法只有一條，就是不加理會。

被政大校評會決議「不再續聘」後，莊國榮一夕三變。先要到總統府前去靜坐絕食，表示抗議。然後改口說，將回木柵政大門口靜坐，希望校評會能改變不予續聘的初衷。最後可能聽從幾位懂事的好友勸告，現在他只想找個廟宇，去靜思悔改，多少有點進步。昨天下午，馬總統也透過發言人，認為該給這個年輕人再一次機會。

我要奉勸媒體，尤其電視記者們，千萬別再去找他。只要電視攝影機對準了莊國榮，他就有「舊病復發」的可能。與人為善，勝造七級浮屠，阿彌陀佛！

五十、南韓罷工罷課風潮　李明博四面楚歌

（原刊九十七年六月廿三日《中國時報》時論廣場）

李明博就任大韓民國大統領之前，我國媒體對他充滿期待，對所謂「CEO治國」的觀念，更是大吹大擂，認為台灣應予效法。曾幾何時，只因為他接受華府要求，開放美國牛肉進口，弄得首爾每天有幾十萬到百萬人上街，學生罷課，工人罷工，內閣集體辭職，鬧得天翻地覆，全國幾乎陷入無政府狀態。

李明博究竟犯了什麼過錯？首先，他過於自豪誇大，競選時開出所謂「七四七」願景：一、今年GDP成長率要達到七%；二、總統任期內要將國民個人所得提高到四萬美元；三、將南韓變成世界第七大工業國。

在全球物價上漲衝擊之下，讓我們來檢查做到這三點的可能。首先，南韓消費者物價指數上漲本月已高達五%，因而經濟成長率今年最多不會超過四%，持續的罷工風潮與政局動盪，只會使經濟成長率變得更低。

其次，個人所得數字，各方估計不同，台灣根據二〇〇五年統計，南韓一萬六千二百九十一美元略勝我國的一萬五千二百七十一美元。但美國中央情報局根據去年數字，依購買力平價(Purchasing Power Parity)計算，認為南韓個人所得已達二萬四千八百美元。不管怎樣，五年後要跳到四萬，困難重重。

最後，南韓想成為第七大工業國，其工業生產必須超越法國、義大利、俄羅斯和印度，可能性更加渺茫。

平心而論，全世界國家都因石油與糧食價格飛漲，受到極大衝擊，南韓只是其中之一而已。例如英國《金融時報》報導，玉米最大生產國阿根廷積欠外債達一千一百四十七億美元，相當於全國 GDP 的五六%。相較於二〇〇一年該國因外債達 GDP 的五四%，因而成為世界上第一個破產賴債 (default) 的國家，危險度更高。

在亞洲，越南五月分股價暴跌六〇%，消費者物價指數卻驟增二五%，正在向「國際貨幣基金」求援。此外印尼、菲律賓和印度都受到高油價與高糧價衝擊。香港的匯豐銀行 (HSBC) 索性勸告客戶暫時避開亞洲證券市場，等風暴過去再說。

歐洲也未能倖免。冰島、匈牙利、保加利亞、拉脫維亞、立陶宛和其餘東歐國家的國際收支都出現大幅赤字，因而外債驟增。美國專業估算全球信用度的「穆迪投資者服務公司 (Moody's Investors Service)」已發出警告說，幾乎所有東歐國家的外匯儲備情況都已到達危險水準。

南韓最大報紙《朝鮮日報》上星期有篇社論，從美國次級房貸風波講起，認為日本與歐美先進國家均未能倖免高油價衝擊，將很難應付即將到來的全球性經濟危機；下半年原油價格估計將達每桶一百五十美元，如果上探二百元，也不意外，而南韓所用的汽油、機油和燃油，每一滴都仰賴進口，那才是最嚴重的問題。這樣的言論，目的當然是為李明博開脫責任。

南韓最重要的盟邦美國，為何坐視李明博陷入困境，貌似無動於衷呢？首先，美國剛原則同意和南韓簽署「自由貿易協定 (KORUS FTA)」。李明博這次准許美國牛肉進口，意在避免美國國會拒絕批准這項辛苦交涉得來的協定。美國則認為，出口的牛肉並未感染狂牛病，抗議者只是拿它來作反對李明博政權的口實而已，美國沒有必要捲入這場漩渦。

其次，美國在南韓駐軍，依照《共同防衛條約》，須由南韓分擔軍費，每年雙方都為幾十億美元的分攤費用爭辯不休。南韓政府由於事涉機密，從未公布任何數字。韓人認為駐韓美軍性質已有改變，從駐防最前線的板門店後撤到第二線，萬一日本或台灣有需要，還可能移師海外，南韓不應獨力負擔這筆龐大費用。

最後，自一九五一年迄今，美軍在首爾市中心明洞區 (Myeongdong) 占用了許多黃金地產。南韓首都寸土寸金，急於收回這些房舍土地，駐韓美軍總部趁機獅子大開口，需索無饜，民間對此不滿已久，這也是罷工抗議幕後從未公開的另一個原因。

怎樣才能結束這場風暴呢？李明博知道反對美國牛肉進口只是個藉口，被反對黨利用作為政治鬥爭的工具，以逼他辭職下台為最終目標。他並遷怒於已有六十八年歷史的「文化廣播公司 (Munhwa Broadcasting Corp)」，下令追究這家電視台在時事節目「PD 手帖」中故意誇大狂牛病危險的刑責。

李明博六月廿日再度向全國道歉，並撤換青瓦台高層幕僚。

根據昨天的消息，美國為支持李明博，已經與南韓農林水產部長官鄭雲天達成協議，將對韓出口的「牛齡」以卅個月以下為限，總算有了交代。但這只消除了罷工罷課的藉口，南韓反對黨少不得會繼續鬧事，擴大政潮，直到把李明博拉下馬為止。

五一、哪個國家 簽證只給十天？

（原刊九十七年六月十九日《聯合報》民意論壇）

初次被問到這個問題時，我還真答不出來。世界各國，發給外國人的旅遊簽證，一般效期至少三個月。持台胞證去大陸，有效期也是三個月。

那麼是哪個國家，發出的觀光簽證只限十天，屆期必須離境呢？昨天才有好心人告訴我答案：原來世上獨一無二，簽證只准十天的國家，不是別國，就是咱們台灣。

馬英九競選總統時，就兩岸關係許下三個承諾：包機直航、陸客來台，與擴大小三通。三項都即將兌現。

但再好的理念，遇到根深柢固的官僚體制，卻往往是上有政策，下有對策。新政府上台還未滿月，要收拾阿扁八年來的爛攤子，真是千頭萬緒，不知從何處做起。尤其舊政權遺留的少數居於樞紐地位的綠色政務官，外面雖然改穿藍罩袍，仍不能擺脫「戒急用忍」心態，有意無意地擺下許多大石頭，讓新政府的腳步跨不過去。

既然全國絕大多數人都同意對大陸開放的原則，歡迎陸客來台旅遊了，為什麼主管機關要橫加許多不合理的限制？最不可思議的，就是陸客來台旅遊，只准十天！

這些旨在找人麻煩、掃人旅興、毫無道理的規定，並非外交部領事事務局的主張，而是交通部觀光局訂定的。我請教該局業務組周副組長，他查出這項規定始自民國九十一年，正是陳水扁做總統的第二年。為何只准十天呢?他說，根據統計，一般外國旅客來台灣平均停留不滿十天，所以當時才以此為標準。

這種邏輯，完全忽視了把旅遊日數與簽證效期混為一談的不通之處。後來周先生又打電話給我說，訂定這個標準的是入出境管理局(後改稱移民署)。觀光局只是交通部下二級單位，依照「兩岸關係條例」，最後均須由陸委會核定，所以不能責怪觀光局云云。

陸委會確實有些前朝遺留下來的綠色官員，江丙坤在北京奮鬥時，他們不斷在背後放冷箭。這些人最高興的就是有懵然無知的單位，替他們做擋箭牌。期望媒體嚴加監督，使陸委會不能違反馬總統的基本開放政策。

總而言之，拿大陸觀光客與一般外國旅客相提並論，已經不通。因而限制陸客來台只能停留十天，更是官僚系統「多一事不如少一事」的傑作。豈止馬總統，劉兆玄院長或毛治國部長做夢也不會想到新政府大力推行的兩岸三通，竟會被成事不足、敗事有餘的舊官僚，弄成這副模樣。

五二、召回駐使　距開戰還很遠

（原刊九十七年六月十六日《聯合報》民意論壇）

日本東北部發生規模七．二地震，台灣自然該表示同情與慰問。此時馬總統如以全國民眾名義去電明仁天皇或福田康夫首相致意，無人能有理由反對。

去年十一月，馬英九以國民黨總統候選人身分訪日，臨行招待在台日本記者會上，有人問他如何看待台日關係？言外之意，在試探他是「親日派」還是「反日派」。他的回答很妙，說自己既不親日，也不反日，寧願做一個「知日」的中華民國總統。

這次日本巡邏艦在釣魚台海域撞沉「聯合號」海釣船惹起的風波，連日來愈演愈烈。外交部長歐鴻鍊宣布召回民進黨執政時派任的許世楷代表，原本大聲叫嚷的綠營民代忽然為台日關係擔起憂來，生怕兩國真的會兵戎相見。連蔡英文也說「總統要概括承受所有的責任」，勸他「有自信而不傲慢」。

這些顧慮未免多餘，到此刻為止，我認為馬總統拿捏分寸尚無大錯。總統府發言人王郁琦代他宣讀的四點聲明，義正詞嚴，擲地有聲。只是王郁琦不該耍嘴皮子，最後添上一句「熱血中年」，狗尾續貂，在如此莊嚴的場合不大相宜。

外交部召回大使級特任許代表的意義，可分三個層面來探討：

首先，召回駐使是非常嚴重的抗議手段。它傳遞給日本外務省的訊息，是我國政府感受到強烈民意的壓力，除非日方認錯，並賠償何鴻義船長的損失，我方不會退讓半寸。緣營有人害怕兩國恐難免一戰，未免聯想過分。召回駐使雖是第一步，離斷交還差得很遠；而從斷交到打仗，更有十萬八千里之遙。美國和伊朗斷交幾十年了，布希對伊朗恨之入骨，現在還說只要德黑蘭放棄提煉核武級的濃縮鈾，華府會立刻與它復交，並提供大量經援呢。

台北和東京間，為此次撞船事件，還有許多司法與談判的迢迢長路要走。何況釣魚台主權未決，拖上個三年五載不足為奇。如果為這小島訴諸武力，勢必影響東亞整體局勢，到難解難分之時，美國少不得出來調停。我方只要堅持立場，日方最後如要兼顧面子和裡子，只有接受仲裁，共同開發海底油藏。

其次，我四月二日曾投書民意論壇，主張所有駐外使節應該比照內閣官員，在新政府就任前提出辭呈，靜待裁奪。因為根據外交慣例，大使既代表國家，又代表元首個人。政權既再度輪替，理當由新元首重新派任，並發給新國書。劉內閣未曾注意及此，這次許代表奉召返國後，外交部應該統觀全局，考慮是否另派適當人選，繼續和日本交涉本案，開啟台日外交新頁。

最後，自從人事行政局公布多位民進黨派任的駐外使節擁有外國居留權甚至外國國籍後，綠營民代一改過去窮追猛打綠卡的作風，改口說派駐無邦交國家代表因工作需要，取得當地居留，有其必要。這又是漫天大謊，因為派駐無邦交國家的外交官，必須享有部分豁免權，如免繳所得稅、本人及眷屬出入海關免受檢查與使用特種汽車牌照等。這是對等互惠的待遇，日本交流協會駐台人員同樣享受。許代表如有日本居留權，為公平起見，不可不予追究。

五三、布希「天鵝之歌」獲歐盟支持對伊朗政策

（原刊九十七年六月十六日《中國時報》時論廣場）

英文有個詞「天鵝之歌（swan song）」，意指在離職或永別前的最後一場表演。布希總統任期只剩六個多月了，上星期他們夫婦先到斯洛凡尼亞（Slovenia）出席第八屆美國與歐洲聯盟間的年度高峰會，然後分訪德國、義大利、教廷（The Holy See）、法國和英國，今天（六月十六日）才回到華府。台灣媒體自始至終極少報導，實在是關心國際事務讀者的損失。

白宮與國務院將這位帶三分傻勁、篤信耶穌因而獲得重生的基督徒（born again Christian）任內最後一次訪歐，定位為紀念第二次世界大戰後美國大規模援助歐洲的馬歇爾計畫（Marshall Plan），與盟國為對抗前蘇聯惡意封鎖，連續十一個月以空運接濟柏林（Berlin Airlift）孤城六十週年。

布希夫婦的行程也經過精心設計，夫人蘿拉先獨自到阿富汗，寫了篇文章在六月十二日的《華爾街日報》發表，其實她六月十日就到了斯洛凡尼亞，與布希會合，開始歐洲行程了。

布希為八年總統任期劃下完美句點的歐洲之行，主要目的在於爭取歐盟合作，對伊朗施加壓力，希望迫使政教合一的德黑蘭穆斯林政權就範，作為支持伊拉克民選政府的手段。按白宮與國務院網站的說法，這是一次成功的旅行。

第一站是六月十日，布希在斯洛凡尼亞的勃爾都市 (Brdo) 與斯國總理、歐盟輪值主席楊薩 (Janez Jansa) 和歐盟執行委員會主席巴洛索 (José Manuel Barroso) 會談，兩人並一致同意美國之請，由歐盟各國加強對伊朗施壓，以迫使阿瑪迪內賈德政府放棄提煉可供製造核武的濃縮鈾計畫。

今日石油價格飛漲，伊朗持有大量原油換來的外匯，豈肯輕易就範？美國提議歐盟各國從清查各國銀行內伊朗公私機構的存款著手。但伊朗人不是傻瓜，《紐約時報》隨同布希訪歐的特派員報導，德黑蘭早就把鉅額存款從歐洲銀行提走，改存到亞洲或本國銀行。歐洲各國縱使照辦，也晚了一步。

楊薩總理在和布希及巴洛索會談後，以地主國身分主持記者招待會，極力宣揚歐盟的重要。他說歐盟本身有五億人口，如加上美國共占世界十分之一。歐盟廿七個會員國再加美國占全球六〇％的 GDP，提供了七五％對開發中國家的援助。歐盟各國與美國間，每天多邊相互貿易額達三十億歐元之多。

但楊薩也指出，歐盟和美國間仍有若干意見不同之處，他所舉的例子有：應否廢除死刑、早日實現「世界貿易組織」所定「多哈回合 (Doha round)」的目標以及排放溫室氣體等問題。他當然提到高油價的困擾，而歐盟希望與美國加強合作，尋找替代能源，迎接一個新的「工業革命」。

布希致答詞時，列舉會談觸及的議題，從伊拉克到阿富汗、黎巴嫩到敘利亞、古巴到伊朗、辛巴威到緬甸，籠罩全球。他特別強調，歐盟應容許土耳其加入為正式會員，這是對歐盟廿七國的喊話，因為歐洲習慣把土耳其當作亞洲國家，唯有美國基於戰略觀點，支持土耳其多年來徘徊歐盟門外的困境。

他也說，任何涉及能源安全與全球氣候變化的國際會議，如無中國與印度出席，等於白忙一場，毫無意義可言。這番話是否因為歐盟不贊成中、印參與而發，就不得而知了。

六月十日晚，布希夫婦飛到柏林，在德國作為政府招待所的歷史古堡 Schloss Messberg 過夜，與好友德總理梅克爾女士促膝密談十幾個小時，次日午後才共同舉行記者會。歐盟各國中，德國最為反共，也最支持美國對俄羅斯總統普丁的強硬態度。

除答覆兩國記者各三個問題外，布希還盛讚德國蘆筍的美味，被媒體拿來和最討厭花椰菜的老布希總統相比，大做文章。

十二日，布希夫婦抵達第三站羅馬，與義大利總統納波利塔諾（Giorgio Napolitano）晤面，也和總理貝魯斯科尼會談。在雙方共同記者會中，布希特別指出義大利有八千七百餘名官兵在科索沃與查德（Chad）等地聯合國維和部隊服務。

白宮發布的歐洲行程裡原列有教廷，但這部分竟毫無報導，使人困惑。美國教徒中天主教原為少數，新教徒中近年只福音派擴張神速。布希夫婦拜訪教宗本篤十六世（His Holiness Benedict XVI）的行程是否臨時被取消，還是祕而不宣，耐人尋味。

十三日他們在法國和總統薩科奇把手言歡；布希還參加了「經濟合作暨發展組織（Organisation for Economic Co-operation and Development, OECD）」會議。十四日則與英國女王和首相布朗會晤。到本文截稿時，白宮、國務院、或各大通訊社都還沒貼出消息。

如此精心設計的行程，對布希總統留給世人的印象有無幫助？唱完最後一曲的天鵝是振翼飛上藍天呢？還是如芭蕾舞劇《天鵝湖》中那位美麗的舞者，垂死掙扎後終於不支倒地？只有留待歷史去判斷了。

五四、日本事務會　黑單位快撤吧

（原刊九十七年六月十三日《聯合報》民意論壇）

昨天看電視，外交部由夏立言次長出面代歐鴻鍊部長主持的記者會，才發現民進黨八年執政期間，無視「外交部組織法」的規定，在亞太司之外，疊床架屋另設「日本事務會」的非法機構，雖在五二〇政權輪替後，仍然繼續存在，真使我氣憤填膺。

有關日本的事務，原歸亞太司第一科主管，當時的外交部長陳唐山硬把有關日本業務劃出來，交給這個於法無據的「日本事務會」，第一科的管轄區只剩下韓國一地。

原駐日代表羅福全對外算是「亞東關係協會」會長，亞協是社團法人，那時在羅斯福路的招牌仍在，經濟部所派人員也仍在那裡辦公，但外交部人員卻偷偷撤回凱達格蘭大道本部去了。所有對日工作由羅福全一人掌管，支次長級待遇；原亞協祕書長羅坤燦則成為「日本事務會」的執行長，待遇比照司長級官員。

「日本事務會」很明顯是個非法機構，迴避「外交部組織法」的明文規定。現在負責的執行長蔡明耀是合法考試進部的外交官，他以外交交涉為詞，向海防署和星艦傳達退出「日本海域」的指示，犯了大錯，他恐怕逃避不了處理不當的責任。

外交部歐鴻鍊部長應該立即裁撤「日本事務會」非法機構，並向國人解釋：因為接任未滿一月，未能注意及此，對社會交代，也在對日交涉時多點風骨。

五五、油糧價漲不停　地緣經濟改變世界

（原刊九十七年六月九日《中國時報》時論廣場）

新政府上台才廿天，在野的民進黨就為石油與糧食價格飛漲，吵鬧不休，彷彿「馬上」之後，所有內在或外來的問題都該立即消失，否則就是馬英九和國民黨的過失。

前年元月，我曾在本欄寫過一篇〈地緣經濟主宰廿一世紀國際關係〉。最近檢出重讀，令我驚訝的是環顧世界，各國多多少少都受到地緣經濟影響而不自知。

今日國際市場上原油與各種糧食價格漲個不停，強如美國或中國大陸也無力遏止漲勢，只能隨波逐瀾，眼看自身的「軟實力」愈來愈被分散掉。為什麼呢？因為石油和糧食已經不止是大宗商品，而變成「地緣經濟貨品（geoeconomic commodities）」了。

此所以稻米輸出國家也想學「石油輸出國家組織（Organization of Petroleum Exporting Countries, OPEC）」之例，組織一個「稻米輸出國家組織」。初聞似覺可笑，但泰國、越南、緬甸、柬埔寨和孟加拉等如果真搞起 OREC 來，台灣應可自給自足，其餘以米飯為主食的國家恐怕會吃不消。

原油和稻米這些地緣經濟貨品的價格有沒有回跌的可能？我敢斷言沒有。原因很簡單，因為世上沒有一個國家，包括沙烏地、俄羅斯與阿根廷在內，能獨力控制原油或糧食的價格。

回顧第二次大戰後世界政治與經濟互動的歷史，可簡化為三大階段：初期（一九四五至一九八九年）是美蘇兩個核子強國的對峙，可稱為恐怖平衡時代。中期從一九八九年前蘇聯解體，到二○○一年的「九一一恐怖攻擊事件」發生為止；期間中國大陸崛起，東南亞迅速發展，世界對經濟力的重視，逐漸超過對軍事或政治力量的倚重。

第三期則以美國對抗伊斯蘭恐怖分子為主軸，現仍在進行中。這是個「世界無元化（nonpolarity）」的時代。舞台上的演員已經不以國家為限：類如「基地」恐怖組織首腦賓拉登、阿富汗反政府游擊組織「神學士（塔里班）」、半島（Al Jazeera）電視台、巴勒斯坦政軍組織「哈瑪斯（Hamas）」，當然還有壟斷全球產銷的跨國性石油公司如 Exxon Mobil、BP、Chevron、Total 等。它們一舉一動影響世人生活的能力，甚至超過任何國家的政府。

紐約「戰略預估研究所（Stratfor）」創辦人佛里曼（George Friedman）可說是美國「名嘴」，經常在 CNN、Bloomberg、CNBC 等電視網發表評論。七年前「九一一事件」後，《貝隆氏周刊》（*Barron's Weekly*）立刻請他為文分析，作為封面故事，可見他被內行人尊重的程度。

今年五月廿七日，佛里曼在該所發表了一篇文章：〈論每桶一百三十美元的地緣政治〉。此處所謂的地緣政治，實指地緣經濟，不管叫什麼，內容有許多發人深省之處。最重要的是：油價與糧食價格飛漲，已經在世人不知不覺時，改變了世界形勢。

佛里曼舉例說，布希總統領導下的美國，原本以反恐戰爭為他在任最後一年的主要著力點。但不論政治或軍事力量，都敵不過經濟力。換言之，大家心裡都明白，每桶一百三十美元的原油不可能回到一百美元以下了。想讓它跌回七十美元，無異作夢。

油價與糧價不斷上漲，輸出國自然是贏家，倚賴進口油糧者是輸家。贏家又可分為兩類：委內瑞拉、印尼和奈及利亞，雖然外匯收入劇增，但不知如何消化這些財富；而沙烏地阿拉伯和它在阿拉伯半島的鄰國則懂得如何運用賣油收入，一面穩定國內與鄰近地區的和平安全，又能進而影響世界走向。杜拜 (Dubai) 在沙漠中如何蓋起全球最華麗的「帆船大飯店」，招攬一擲千金的豪富旅客，便是一例。

這波漲風裡，最大的輸家是既需進口原油，而工業化又達相當程度的國家，如中國大陸和印度。整體而言，東亞地區受創最大。日本所需原油百分之百仰賴進口，南韓情形亦同。

我的看法是，其他已開發國家雖然也受創，但不如中、印那麼嚴重。至於台灣，因為服務業已占 GDP 總值的七十二％，所以影響最小。倒是世界最大經濟體的美國，受創遠較一般人瞭解更甚，因為美國經濟被高油價帶來的通貨膨脹害慘了。

六月二日，享譽全球的財經雜誌《富比世》週刊發行人兼總主編 Steve Forbes 在該刊有篇短評，直言批判美國的能源與貨幣政策。他說，今日徘徊在每桶一百三十美元左右的原油價格，一半是因美國國內通貨膨脹所致。美元跌而百物飛漲，後果豈止美國，連帶使各國中央銀行都變得無足輕重。

六月六日，倫敦《金融時報》更呼籲美國聯邦準備理事會主席柏南克趕快發表美元不應繼續貶值的言論，阻止繼續失血。同日，紐約道瓊工業指數大跌四〇〇點，投資者人心惶惶。這就是地緣經濟引起油價與糧價飛漲，正在改變世界最大經濟體美國的現實例證。

五六、王毅掌中台辦透露的訊息

（原刊九十七年六月五日《中國時報》時論廣場）

吳伯雄接受電視台專訪，說他與胡錦濤總書記曾密談四十分鐘。雖未透露談話內容，但可能是胡錦濤告知他已經挑選了外交部副部長王毅，接任國務院台灣事務辦公室主任一職有關。我要大膽猜測，這很可能與明年五月世界衛生組織舉行年度大會時，我國申請加入的問題有不可分割的關連性。

WHO 的憲章第三章第八條規定，本組織會員分為三種，除聯合國會員為當然會員外，還有「觀察員」與「副會員」兩種資格。教廷和巴勒斯坦解放組織都是觀察員。副會員也有兩個，如美國是正會員，而波多黎各就是副會員。另一副會員是斐濟群島管轄下的托卡勞。台灣如想做副會員，自然須得大陸同意。如果照新任外交部長歐鴻鍊所言，為拓展國際空間，我們可以接受「中華台北」，兩岸就可以找到交集點了。因為 Chinese Taipei 兩字中如無逗點，表示 Chinese 只是形容詞，而非大陸的一部分。我們參加亞洲開發銀行、世貿組織和歐洲重建開發銀行，用的都是「中華台北」。

離明年五月 WHO 開會還有一年，胡要看這一年裡兩岸如何發展，如順利，應可逐漸化解大陸外交系統對台一貫的強硬姿態。其關鍵在於台灣申請時，大陸在所有官方文書和新聞發布時，都用中間無逗點的「中華台北」，不搞小動作。

五七、忘了禁煙節？正視毒品氾濫

（原刊九十七年六月四日《聯合報》民意論壇）

昨天六月三日，原本是禁煙節。這個「煙」字，除了香菸或雪茄菸外，更包括所有違法禁足以致癮的毒品在內。但電子或平面媒體對禁煙節幾乎一字未提，彷彿忘記了毒品氾濫對台灣社會為害之烈。新任內政部長廖了以和警政署長王卓鈞在立法院列席內政委員會備詢，似乎也沒有一位委員問起他們對這個治安基本問題的看法。

只要注意一下社會新聞，就可知不論慣竊老手或臨時起意的罪犯，有許多是在毒癮發作時作案的。因為類似案件太多，記者反而變得麻木不仁，只描繪犯罪經過，忽略了背後催動的主因。

在台灣現行警管區制度下，要說每天巡邏管區的警員會不知道誰經常在販賣從白粉到搖頭丸的各種毒品，誰又是經常性的老主顧，才是天大的笑話。更可怕的是，如無管區警員的袒護與包庇，這些小盤毒販根本無法生存。報章甚至有管區警員私下經營娼寮或賭場的新聞，警政敗壞一至於此，新內閣必須將之列為首要的改革重點。

除小盤毒販問題外，中盤毒販和大盤商更是警方應該嚴查的對象。劉兆玄院長勵精圖治，要求一百天內各部會都需要交出成績單。剛到任的廖部長和王署長如能將抓毒販列為考核各分局與派出所工作績效的第一重點，半年後保證犯罪率會下降到前任李逸洋和侯友宜夢想不到的境界。

五八、外交部破產？揭開對外援助的帷幕

（原刊九十七年六月二日《中國時報》時論廣場）

對我們這些外交老兵而言，每次聽見「凱子外交」、「金錢外交」或「拿人民血汗錢去填外國不肖政客的無底洞」一類批評時，內心的憤怒與感慨絕不下於任何同胞。

每次發生類如巴紐建交三千萬美元泡湯的醜聞時，我總想揭開對外經濟援助的帷幕，使國人瞭解事實真相何在。最近巴拉圭政權輪替，連續執政六十一年的紅黨總統杜亞德 (Nicanor Duarte Frutos) 依法不得連任，群雄並起。最後勝出的是代表愛國求變聯盟 (APC) 的左傾天主教神父魯戈。將於八月和平移交。

五月廿二日，紅黨副總統當選人佛朗哥在巴京亞松森的 Radio Cardinal 廣播電台說，台灣已承諾提供七千一百萬美元贈款，本報曾有簡短報導。

我不便直接向歐鴻鍊部長詢問有無此事。但站在老兵立場，知道外交部拿不出這麼多錢來。而且正如來台慶賀的甘比亞女副總統當面向馬總統提出，請求勾消積欠台灣貸款本息一樣，只要答應了一個，他人援例要求，就無從拒絕了。

這或許是個機會，揭開過去深垂的帷幕，向國人解釋對外經濟援助應該走的道路，與「國際合作發展基金會 (International Cooperation and Development Fund, ICDF)」十幾年來的努力。

首先，任何國家援外都有政治目的。美國當年幫助我們，無非為了韓戰，並非獨厚兩蔣。僅從數字看來，美國援外經費似乎高居各國之首，其實五分之一給了以色列與埃及。如以援外經費占國內生產毛額(GDP)作比較，聯合國希望能達〇・七％，全世界最高的是丹麥一・〇一％，其次是挪威〇・九％。美國只有〇・一％！

我還未回國前，外交部鑑於對外援助飽受詬病，特地從世界銀行敦聘服務三十餘年的羅平章回國，擔任ICDF祕書長。他是我大學時代羅志淵老師的哲嗣，把世銀那套制度原封不動地搬了回來，走透明化、技術化、長期化、積極化的路線。會內設業務企畫、金融業務、技術合作、國際人力發展與行政管理等處，確實使受援國人民受到實惠，也杜絕了貪汙中飽。

只要邦交國提出合作計畫，我方立即主動派專家前往考察可行性，鼓勵對方建立跨越數年的詳盡計畫，然後逐年視進度撥款，派專家團監督，既避免浪費，又能確實控制預算。國合會成立之初，政府承諾撥新台幣三百億元，但實際只給了一百一十六億，後來陸續捐了六點五億，全靠ICDF本身努力才維持至今。

處理邦交國向我請求貸款的過程，政府一直祕而不宣，從未向外公布過。老實說，外交部本身根本沒有巨額經費，可以支應這類要求，多少年來都是向兩家銀行商量，請它們貸放；一家從前叫中國國際商業銀行(ICBC)，民營化後變成兆豐國際商業銀行(Mega Bank)，就是周美青工作的那家。另一家中國輸出入銀行，則仍純為國營。

不論借多少錢，兩家銀行在商言商，必須照倫敦同業拆放利率計息。假如簽約時利率是五・五％，外交部除擔保外，通常告訴借款國說：「優惠利率」只有二・五％，借款人當然很高興。所以外交部每年「國際事務活動費」項下，最大開支是替這些邦交國負擔利息差額。

碰到有邦交國與我斷交，轉而承認中共時，外交部雖曾在美國雇請律師，打官司企圖追回貸款，成功的案例寥寥無幾。問題拖延了幾十年，現在更是一本亂帳，無法收拾。因為貸款的擔保人是外交部，兆豐銀行和中國輸出入銀行如果告上法院，外交部除宣布破產外，別無他法。但堂堂外交部怎麼可以破產呢？這真是無解的難題。

外交是細膩的藝術，駐外使節必須對當地政情與時勢瞭如指掌。即使在李登輝時代，總統府仍非常尊重駐外館處的意見和建議。但過去八年裡，陳水扁和邱義仁等歷任國安會祕書長卻強以不知為知，外行領導內行，遇上如黃志芳者的外交部長，不敢質疑自以為真在「拚外交」的老闆，才有今日的困局。所謂「撒錢外交」、「迷航外交」、乃至且打且走的「地攤外交」，都是只知與當權者杯酒言歡，忽視當地也有反對黨心理下的產物。有這種急求事功，罔顧外交環境的總統，外交部怎能不破產？新政府要收拾這個爛攤子，恐怕不容易。

五九、內閣勇於任事值得喝采

（原刊九十七年五月卅日《中國時報》時論廣場）

油價該漲多少？有何配套措施？如何照顧低收入戶？怎樣兼顧環保需要？這些都是重要考慮。但如從政府如何運作來觀察，劉兆玄院長一肩挑起所有決策責任，只向馬總統報告了基本原則，真正盡到了憲法規定最高行政首長的職責，值得國人為他鼓掌喝采。

憲法第五十三條明定行政院為國家最高行政機關。但增修條文第三條前段用一句話「憲法第五十五條之規定，停止適用」，取消了立法院的同意權，從而把任免行政院長的大權，置於總統一人手中，才造成亂象。馬英九在就職演說裡，強調新政府要「遵憲、行憲」，我相信他所指的是那部原汁原味的憲法。

新政府才上任，百廢待舉。劉兆玄院長和他的內閣，前晚端出立即漲價，避免民眾期待心理，同時審慎配套的那桌菜餚時，可能並未想到前述憲法原意的問題。正因為如此，新內閣的勇於任事，不規避責任，勇往直前的精神，和先前真有天壤之別。

馬總統的用人不疑，充分授權，也令人耳目一新。報載劉兆玄向馬報告提前漲價的原則時，「只花了一分鐘」。蕭副總統更事先毫不知情，這才是國人嚮往的「中興氣象」。

六十、南非爆發種族仇殺　外國人無法理解

（原刊九十七年五月廿六日《中國時報》時論廣場）

台灣正在歡慶政權再度輪替之時，遙遠的南非卻爆發了黑人執政十四年來首次大規模排外風潮。兩星期前開始的動亂，先還侷限於第一大城約翰尼斯堡（Johannesburg）。五月廿二日，姆貝基總統下令出動軍隊，協助警察維持秩序，但根本阻擋不住日益擴散的仇外心理；到五月廿三日，已經延燒到最南端的開普敦市了。

南非政府疏於防範，暴動初起時，政府未強力壓制。暴民瘋狂攻擊從辛巴威、莫三比克與其他非洲國家來謀生的窮苦黑人；不由分說，刀砍、槍殺、甚至「戴項鍊（necklacing）」置之於死。所謂戴項鍊，是拿一個裝滿汽油的舊輪胎，套住被害人頸部，把他活活燒死，我在南非時就經常發生。

美聯社報導，截至五月廿三日，已有四十二人死亡，被迫離家逃亡者達二萬五千人（美國「有線電視新聞網」則說已達二萬八千人）；可見這些偷渡來南非的黑人驚惶失措的程度。其中僅辛巴威一國，由於穆加比總統濫印鈔票，據傳有三百萬非法移民在南非。兩週來，數以萬計的難民紛紛躲到警察派出所、教堂或各地臨時開辦的收容所。而如何安置這麼多人，政府束手無策。

南非公安部長恩卡庫拉（Charles Nqakula）和他太太內政部長諾西維薇・馬皮薩－恩卡庫拉（Nosiviwe

Mapisa-Nqakula) 也無法使這些外來人口能回到原來的住處，因為早被本地窮人強占了。他們只能派出大批警力，以軍隊為後盾，在廿三日清晨突檢約堡三處地方，搜出大批毒品、槍械與贓物，並逮捕了廿八人。

這只有暫時嚇阻的效果；問題的根本在於南非本國極大部分黑人自從「非洲民族大會黨 (ANC)」執政以來，生活並無改善，因而遷怒於只求有口飯吃、不計較薪資多寡的外來非法勞工。由此而生的排外情緒一旦觸發，獲得其餘本國失業人口的認同，蔓延到全國只是時間問題，任誰也擋不住。《國際先鋒論壇報》(*International Herald Tribune*) 五月廿四日證實：除開普敦外，附近的觀光小鎮尼斯納 (Knysna) 也發生事故。動亂更已波及東南部夸祖魯/納塔爾省 (KwaZulu/Natal) 的德爾班市 (Durban)，甚至遠及西北省 (Northwest Province)，讀來令我捏一把冷汗。

這場難以遏止的種族仇殺，與一般外國人想像的黑人與白人間為民主之爭，毫無關係。自從曼德拉領導 ANC 執政以來，僅占全人口九．六％的白人早已把治權拱手讓出。南非占七九％的黑人分為九族，曼德拉與姆貝基都屬於科薩族 (Khosa)，其餘限於篇幅，無法一一列舉。除白人與黑人外，還有混血的雜色人 (coloureds) 與實際只以印度裔為限的亞洲人 (Asians)。

去年耶誕節時，ANC 舉行全國代表大會，票選主席。已連任一屆總統的姆貝基竟敗在他第一任時的副總統朱瑪手裡，世界各國都為之震驚。為什麼呢？第一，依照南非憲法，總統只能連任一次，明年四月姆貝基必須下台；第二，因為文盲眾多，南非大選只投黨不投人，因而 ANC 的黨主席不論是誰，幾乎鐵定當選。

南非黑人各族裡，歷史上最驃悍善戰的卻是祖魯族 (Zulu)，曾奴役其他各族百餘年，現在仍有一千三百萬人。雖然世代都居住在夸祖魯/納塔爾省，但很多已遷居約堡謀生。祖魯至今仍有國王，名叫古威爾．

茲利希尼（King Goodwill Zwelithini），比剛來慶賀馬蕭就職的史瓦濟蘭國王更講究排場。

祖魯人的政黨「印卡塔自由黨」黨魁布特萊齊既是國王的叔叔，又是王國的首相。從曼德拉到姆貝基時代，都須邀請布特萊齊入閣，賦予要職，作為拉攏祖魯族的手段，但內心始終對他懷有戒心。

姆貝基初任總統時，特地邀朱瑪當副總統，目的無非想利用朱瑪來抵制布特萊齊的勢力。等發現朱瑪有更上層樓的政治野心時，才趁第二任競選時機把他換下來；但養癰已成，所貽後患無人能夠完全掌控。

離開南非雖已十年，我和現在當權的這批人都非常熟識。明年此時，朱瑪既是總統，又是ANC黨主席，更有一千三百萬祖魯族人做他的後盾，大權集於一人之手。問題在他也具備黑人政客所有的缺點，如酗酒、亂搞男女關係、貪汙枉法、任用私人。那位做過外交部長的夫人早就被他離掉了。

這場風起雲湧、席捲南非的排外風暴，不可能在數週或幾個月內平息。而既無真才實學，又純賴民粹主義起家的朱瑪坐上總統寶座後，他將如何處理被開普敦最大期刊《快郵導報》(*Mail & Guardian*) 社論稱為〈我們蒙羞之時刻 (Days of Our Shame)〉的動亂？我只能為苦難的南非人民祈禱。

六一、違外交禮節的　是甘比亞副總統

（原刊九十七年五月廿三日《聯合報》民意論壇）

兩位民進黨立委指責上任第二天的馬英九總統，接見外賓時不該說英文，更不應該當面拆閱甘比亞副總統遞交給他的信函，恐怕找不到根據。

依照外交慣例，只有一種信件，收受的元首是從來不拆，那就是大使的離任與到任國書。大使既代表國家，也代表元首，所以舊任大使必須在新任抵達前離開。也不是說因為國書不重要，因為新大使到任後，拜會外交部長時已當面遞交國書副本了。外交部在安排新大使覲見元首時，早已轉呈，當然不必再拆閱國書了。

至於接見外賓時說什麼語言，世界各國均無規定。法國人向以法語優雅動聽自傲，但薩科奇總統到華府，在國宴上致詞，用英語說「即使把美國當朋友的人，在法國也能當選總統」，引得哄堂大笑。試想他如果講的是法語，國宴三四百位美國各界領袖中，有幾個人聽得懂？

真正唐突的是甘比亞副總統賈莎迪（Isatou Njie-Saidy）。我從權威方面獲悉，她並未直接開口要錢，而是用自己名義寫一封信給馬總統，希望我國能「考慮取消甘比亞積欠中華民國的債務」。此事想與大陸去年主辦非洲論壇時，逕行寬恕國民所得在一定水準之下的國家積欠北京的債務一舉有關。但我們無法與大陸比鬧，如果答應了一個，其餘廿二個邦交國群起效法，到時又如何應付？

立委批評馬總統不該當面拆信，正表示他們不懂國際禮儀。中國人收到禮物，常隨手放在一邊，等客人走後才打開來看。外國人卻一定當面拆開，不論喜不喜歡，都要假惺惺地稱讚半天，這就是中外習俗最大不同之處。馬總統拆開信件當面閱讀，是最基本的國際禮貌。

按照外交慣例，此類請求可用總統或副總統名義提出，但應由甘比亞駐台北大使館作為重要附件，密封隨外交照會送到外交部，讓我方研究如何答覆。這位副總統顯然自作主張，冒失地當面提出取消積欠貸款的請求，不給主人留點迴旋餘地，違反外交禮節與慣例的是她。馬總統委婉地答稱會交給外交部考慮，已經是給足面子了。

要挑新任總統的毛病，可以理解。但不該抓著雞毛當令箭，不懂的事可以請教專家，免得落人笑柄。

六二、送別伍永泉大使 憶當年建交經過

（原刊九十七年五月十九日《中國時報》時論廣場）

台灣很少人聽見過貝里斯駐華大使伍永泉（William Quinto, MBE，意為 Master of the British Empire，是大英帝國第五等勳章）這個名字。至於他在一九九〇年十一月就到任，到本週正式離任時，歷時共十七年六個月，是我國歷史上駐台最久的外國使節這一點，更沒有人知道了。

伍大使是道道地地的華裔。他父親民國初年移民到貝里斯，生下了他。華人勤奮儉樸，當地人望塵莫及，他父親先進口雜貨，繼承父業後他改進口菸酒，發了大財。伍永泉慷慨好施，交遊廣闊，常來瓜地馬拉，當地僑領把他介紹給我，我告說奉部令試探與貝國建交可能，他毫不躊躇地答應盡力。

貝里斯在瓜地馬拉東北角，有台灣三分之二大，當年英國藉伐木為名向瓜地馬拉租地，答應從貝里斯首都貝爾墨邦（Belmopan）築公路直達瓜京，而拖延百年未建，卻厚顏把貝里斯變成殖民地，稱為英屬宏都拉斯（British Honduras），這筆帳始終未清。

一九六四年貝里斯獲准自治，領導「人民聯合黨（People's United Party, PUP）」的蒲萊士（George Price）成為首席部長。一九八一完全獨立後，才改稱總理。但貝國仍奉英女王為元首，倫敦僅指派一名當地人為總督，所以伍永泉才有 MBE 勳章。

貝里斯人種複雜：英國砍伐硬木時，先曾引進華工，後從加勒比海進口黑人奴工；銀行、船運業是白人天下，華人移民多是中間商。蒲萊士雖是黑人，與他競爭的「聯合民主黨 (United Democratic Party, UDP)」領袖艾斯基佛 (Manuel Esquivel) 則是西班牙裔。一百多年下來，各族間相處融洽，堪為典範。

一九八四年五月七日，我去貝里斯見蒲萊士，有伍永泉事先說項，獲得蒲氏同意與中華民國正式建交。沒想到返瓜後，遭當時瓜地馬拉副元首兼參謀總長羅柏士 (Rodolfo Lobos Zamora) 的強烈反對。美國中央情報局駐瓜人員密告，此人在內閣會議中甚至主張：如台灣承認貝里斯，瓜國不惜與我斷交。我急電國內報告，強調不能因小失大，外交部只好把這件案子暫時擱置。

蒲萊士原已指派外交部長寇特奈 (Harry Courtney)、次長雷思禮 (Robert Leslie) 和教育部長慕沙 (Said Wilbert Musa) 三人去台北簽署建交公報。我打電話給寇特奈外長，他正因感冒不想長途跋涉，樂得取消；但另外兩人已經啟程，攔不住了。伍永泉說，讓他來想辦法，原來慕沙二十幾年來都是他的法律顧問，交情深厚。他打電話到東京找到慕沙，叫他和雷思禮兩人在日本多玩幾天，然後又送兩人去香港遊歷。這些錢都由伍永泉負擔，我要歸還他墊付的旅費，他揮揮手說小事何足掛齒。

當時貝里斯全國人口僅十七萬人，眾議院中，PUP 與 UDP 票數是一七比一五。恰在這個當口，PUP 有兩名議員倒戈，艾斯基佛變成總理，蒲萊士反成為反對黨領袖。此案擱置，一拖就是五年。等一九八九年九月蒲萊士重任總理，慕沙做外交部長，我國與貝里斯建交案才水到渠成。

慕沙是貝里斯出生的阿拉伯後裔，天資聰穎，留學英國攻讀法律，娶了英籍新娘，在 Inner Temple 獲得律師資格，夫婦都是白人。律師生活優裕，蒲萊士看中他可繼承 PUP 領袖大任，伍永泉也幫助勸說，他才投身政治。UDP 執政五年後，一九八九年九月 PUP 重掌政權，蒲氏年邁力衰，慕沙繼任總理。

當年貝里斯萬事都精打細算，在國外只維持三個大使館，分駐倫敦、華府與聯合國。慕沙向伍永泉說，你若不肯去台北當大使，反正台灣派來的侯平福代辦已抵貝里斯市(Belize City)，我們駐台大使暫時懸缺也無妨。

現在情形自然不同了，貝里斯駐外大使館和總領館已達十七個，包括瓜地馬拉、墨西哥、古巴、泰國、奧地利等。最近發現石油後，國際地位更扶搖直上。因為發展迅速，人口增加八〇%，已達三十一萬五千人。眾議員增加到三十七人，另設參議院，參議員十人，由總督派任，與過去不可同日而語。

今年二月，貝里斯眾議院改選，UDP 捲土重來，贏得廿五席，PUP 只剩六席。政黨輪替，一九九〇年代透過台灣掮客發了幾萬本貝國護照，美其名為「經濟國籍(economic citizenship)」的白羅(Dean Barrow)成為總理。伍大使到任以後，使館與賣護照一事無涉，我國外交部也通令各館，對持貝國護照申請來台簽證者，應嚴加查核。

伍永泉今年已七十一歲，PUP 下台，伍覺得該退休了，辭職獲准。我外交部侯清山次長代表政府於五月十六日授給他大綬景星勳章。禮賓司問他要不要晉見陳總統辭別，他委婉地說，總統太忙，我也忙於打包，兩免了吧。

伍兼有貝里斯與美國的雙重國籍。我在瓜地馬拉時，曾發給他一本中華民國護照。他出任貝國駐台大使時，那本護照正式繳銷。他要離任了，念念不忘的就是想恢復中華民國國籍，請求外交部能予以協助，這就是我所認識的伍永泉。

六三、胡錦濤訪日　簽訂「第四個」文件

（原刊九十七年五月十二日《中國時報》時論廣場）

台灣被兩個大騙子耍得暈頭轉向的一週裡，東亞真正引人注目的大新聞是：十年來，中國大陸領導人首次官式訪問日本。兩國自從小泉純一郎參拜靖國神社、掀起中國年輕人反日浪潮後，雙方民間都有人怒目相向。但官方卻必須顧及現實政治的需要，從戰略高度去看遠東兩強之間的關係。

去年十二月，福田康夫首相先到北京朝覲，換得大陸國家主席答應今年擇期回訪。五個月後，福田的支持度跌到只剩十四％之際，胡錦濤終於帶了夫人劉永清駕臨。北京媒體將之定位為「暖春之旅」，既可解釋為春暖花開時翩然來訪，也可以說是期待可用人為努力，逼使兩國關係的春天早些到來。

從五月六日到十日，短短五天的國是訪問，重頭戲全放在開始的兩天裡，而且最重要的聯合聲明在五月七日就簽字公布，一反國際慣例須等到訪問結束時，才共同宣布商談結果的做法。台灣報紙雖偶有簡短消息，卻無一字引述這份文件的內容，都是什麼熊貓、乒乓之類的花邊新聞，實在難以理解。

胡未啟程前，新華社就藉與專家訪談之名，指出有「三個政治文件」是中日關係的基石。哪三個文件呢？就是一九七二年規範關係正常化的「中日聯合聲明」、一九七八年的《中日和平友好條約》和一九九八年為共同致力於和平與發展的「中日聯合宣言」。言外之意非常清楚，就是要趁胡錦濤此次訪日時，兩國能

簽署「第四個文件」。日本不能不接受，就是七日公布的「中日關於全面推進戰略互惠關係的聯合聲明」。

這份聲明有何重要之處呢？細讀全文，它先提出四句四字箴言作為基礎：「和平共處、世代友好、互利合作、共同發展」。隨即搬出前舉的三大文件，用意在確認這個聯合聲明就是第四個文件，其重要性與另外三個文件相等，甚或有過之。多年來，日本中小學教科書對當年侵略中國的史實，只含糊帶過，語焉不詳。胡錦濤有國內民意壓力，不能放過不提，因此聲明的第三點：「雙方決心正視歷史，面向未來」，又要「增進相互理解和相互信任」，對國內輿論好歹有了交代。

日本迫切希望的，是中國不再反對日本一心想成為聯合國安全理事會常任理事國的一員。在這點上，聲明雖有：「雙方同意就聯合國改組問題加強對話與溝通」，「中方重視日本在聯合國的地位和作用，願意看到日本在國際事務中發揮更大的建設性作用」云云，卻沒有更明確的表態，有點打太極拳的味道。

有關亞太事務，聲明列出五大項目，絕大部分都是官腔，粉飾門面而已。只對海底油氣田的敏感問題，用「使東海成為和平、合作、友好之海」，暗示將合作開發，不會兵戎相見。

台灣朝野應注意的只有短短一句：「日方重申繼續堅持在『日中聯合聲明』中，就台灣問題表明的立場。」不論民進黨基本教義派或改走中間路線台聯黨，過去一心想靠日、美在「周邊事故」時，聯手干預的夢，可以醒醒了。

胡錦濤這次擺足元首架子。六日晚，出席福田在松本樓的非正式晚宴。七日晨，拜會明仁天皇與美智子皇后；天皇夫婦回拜和道別，與胡夫婦共見了三次面，堪稱殊榮。隨後，胡又會晤參眾兩院議長和四位前任首相，包括中曾根康弘、森喜朗、海部俊樹和安倍晉三，惟獨故意不見小泉純一郎。

他和福田的會談歷時九十分鐘。福田事後向日本記者說，他曾問起西藏事件，料想胡的回答不會背離北京已經用過的言詞，日本也只是虛應故事，以安撫國內右派反中聲浪而已。

但極右派如東京都知事石原愼太郎之流並不領情。胡在首相官邸與福田會談時，西藏留學生與日本右派聚集三千人在對街遠處揮舞旗幟，吶喊示威；在關西也有同樣場面，但每次藏人占不到一〇％，其餘都是日本軍國主義者。而大陸官方發動留學生反示威，人數與聲勢都不輸於對方，只是忙壞了日本警察。

重頭戲過後，剩下來都是無關緊要的節目。新華社發布胡在早稻田大學演講全文，讀來枯燥無味。雙方另有份新聞公報，措詞含糊，可笑到極點。五月九日，胡夫婦去關西，與大阪府知事橋下徹、各縣市首長與各界人士應酬一番。在奈良露了下臉，轉往橫濱參觀中華小學，十日就從大阪飛回北京了。

隨同胡錦濤訪日名單中，中共中央書記處書記令計劃，和中央書記處書記兼中央政策研究室主任王滬寧兩人的排名，在國務委員戴秉國與外長楊潔篪之前。江丙坤在博鰲論壇見胡錦濤時，這兩人也在場，顯示他們是胡在東亞事務的智囊，值得注意。

*　　*　　*

作者附言：上週本專欄徵求 nonpolarity 的中譯，反應之熱烈使我既詫異又感動。許多讀者直接打電話或寄電郵到舍下；編輯部轉來幾十封郵件，幾乎涵蓋全台各縣市。再三考慮結果，仍以「世界無元化」較符英文原意，謹借此角向指教我的諸位先生致最誠摯的謝意。

六四、有心包庇？外交部一誤再誤

（原刊九十七年五月八日《聯合報》民意論壇）

巴紐十億元風暴，外交部長黃志芳請辭獲准，他處理這案件的方法，各方反應不同。純自外交專業觀點看，黃部長和他領導的外交部人員犯了數點錯誤：

首先，雖然邱義仁位高權重，但並非他的頂頭上司。他有義務要求邱給他正式的書面指示，或至少明告邱義仁他會把談話錄音，作成紀錄。他沒這樣做，至少是失職。

其次，三千萬美元存在新加坡銀行裡，卻只以金、吳兩人名義開立聯合帳戶，大錯特錯。國際金融習慣裡另有一種「委託保管戶」，駐外單位常使用這種戶頭，向交涉對手方作為保證，一待條件達成，即可由簽字人會同解凍款項。我國在新加坡設有正式代表處，外交部何以完全把駐使瞞在鼓裡？僅就這一項而言，豈止瀆職？應該追究民事與刑事責任。

再次，黃派親信張強生陪金紀玖去新加坡，金紀玖託詞女兒生病，必須趕回上海探視，從此一去不回。黃對辦事如此疏忽的人員未予懲處，若非另有考慮，就是顯然包庇。

第四，新加坡《聯合早報》日前透露，直到去年七月，這三千萬美元還在聯合帳戶裡。若前年底黃部長就知道這筆巨款恐怕難以收回了，為何不早透過我與新國朝野水乳交融的良好關係，訓令駐新代表處逕洽有關方面斡旋銀行，設法取回相當於十億新台幣的納稅人血汗錢，而只託詞拖延，這也有民事與刑事責任的問題。

第五，吳思材給他的「分贓清單」，黃部長為何藏在手裡超過一個月，到地檢處傳訊時才交出來？他辯稱是為保存證據。即使仍然擁護陳水扁總統的深綠群眾，也沒有人會信，我也不忍多說了。

吳思材羈押禁見後，吳的律師拿出所謂保命函件，要向馬英九告狀。我判斷地檢署會先取得這封密函，馬陣營也不會介入正在進行的司法程序。全案還要等到邱、黃、柯等人鋃鐺入獄，才會水落石出。

六五、美國日薄西山 自承影響力衰退

（原刊九十七年五月五日《中國時報》時論廣場）

朋友們雖表同情，也有人暗地裡高興，因為我對剛創造出來的一個新字 nonpolarity，躊躇一週，還想不出如何把它譯成既不偏離原意，也不致讓讀者看不懂的中文。

說起來好像很簡單：美蘇爭霸時，世界是「兩元 (bipolarity)」的，群雄並起的年代則稱為「多元 (multipolarity)」；但今年五、六月號的《外交事務》雙月刊，卻創造出這個新字。且出自外交關係協會 (CFR) 會長理查・哈斯 (Richard N. Haass) 筆下，那就非同小可了。

哈斯是何許人也？他是牛津大學國際關係博士，在美國國防部與國務院歷任要職。老布希總統時，他是國家安全會議的近東與南亞部門資深主任，兼總統特別助理。他出版過十本書，最新的一冊叫做《美國改變歷史的機會》(*The Opportunity: America's Moment to Alter History's Course*)。

鮑威爾把他帶進國務院，信任有加。哈斯以國務院政策局局長 (Director of Policy Planning) 身分，曾先後推動協助北愛爾蘭和平談判事務，後來更一肩挑起對阿富汗「神學士」政權用兵的政策，是美國外交界道地的重量級人物。

世界各國研究國際關係的專家學者都知道，CFR 集合全美企業、學術、傳播與金融各界的菁英，就制訂與影響美國外交政策而言，其重要性無可比擬。它出版的《外交事務》雙月刊，更是美國外交的風向球。

我在紐約服務時，曾多次安排國內政要如孫運璿院長、蔣經國副院長等到 CFR 演講，並當場答覆問題。它在公園大道與東六十四街的會所門禁森嚴，媒體記者不得進入。外賓的談話也從不對外洩漏，雖然《紐約時報》的社長與總編輯都是 CFR 會員，也從未破壞過這條規則。

什麼是 nonpolarity 呢？豪氣干雲的哈斯說：世界變得太快太複雜，今日已非兩三個或任何一群國家所能控制。廿世紀後半先由美蘇對立的「二元化」轉為美國獨大的「單元化」。但步入廿一世紀後，權力已分散到政府無從控制的許多個體手中。

雖然美、德、英、日乃至「金磚四國（BRIC）」的巴西、俄羅斯、印度和中國在國際事務上仍然舉足重輕，但除這些國家與聯合國和所屬專業性國際機構；東南亞國家協會、歐洲聯盟、上海合作組織、非洲聯盟等地區性組織外，還有別的並非政府的個體同樣可以興風作浪，把全人類生活搞得天翻地覆。例如：跨國性企業像七大石油公司或跨國性大銀行；富國的主權財富基金（sovereign wealth funds）；超級大城市如上海、紐約或聖保羅；媒體如 BBC、CNN 或阿拉伯人都看的 Al Jazeera 電視台；民兵組織如 Hamas、Taliban；恐怖團體如「基地（Al Qaeda）」；哥倫比亞的販毒集團；乃至各國的大政黨、非政府組織，或慈善團體如「無國界醫師」；甚至個人如比爾．蓋茲，都可以影響世局。

哈斯的說法沒有錯，但如果有人把 nonpolarity 譯作「非元化」，讀者一定會笑掉大牙。「多元化」好辦，我去年共寫了一百零二篇文章，承三民書局劉振強董事長之助，書名就叫做《世界多元　台灣蛻變》，即將出版。本文刊出後，如有讀者想出一個「信、達、雅」兼具的譯法，我一定簽名送他這本書，表達我誠摯的敬意。

哈斯此文發表後，美國反布希總統的自由派人士抓住機會，大張旗鼓地宣揚說：美國的帝國主義衰敗了，一個新的世界秩序正在浮現。讀者只須進入 www.thought-criminal.org 網站，就可看到它長篇累牘地引用哈斯原文，印證美國必敗的理論，這當然不是哈斯的原意。問題出在五月一日，美國聯邦準備理事會把銀行拆借的利息又調降一碼（〇・二五％），如今年息只剩二％。去年九月，同業拆借的利息還有五・二五％，短短七個月來，連降九次，創造歷史新低。這雖然是受次級房貸風波的影響，對美國經濟造成的重創不能忽視。美國本來就寅吃卯糧，靠各國匯款購買財政債券維護國際收支帳的平衡。利息如此之低，在自由經濟制度下的世界各國多餘資金自然會另尋出路，這才是美國財政部長鮑爾森的隱憂。

六六、全球糧食危機　比戰爭、環保危機更嚴重

（原刊九十七年四月廿八日《中國時報》時論廣場）

台灣陶醉在馬蕭劉「鐵三角」組閣成功，即將正式執政的氣氛裡，不知世界上還有三十幾個國家正面臨空前未有的糧價高漲，大部分人民生活難以維持的危機。

從海地到辛巴威，北韓到阿富汗，摩多瓦到車臣，數以千萬計的貧苦人民已經買不起維持活命最低需要的玉米粉、糙米、或雜糧，正在飢餓邊緣掙扎。原物料與石油價格飛漲導致的糧食危機，比發生戰爭、全球暖化或環保失控的危機更加嚴重。

這並非危言聳聽，本月上旬，世界銀行和國際貨幣基金在華盛頓聯合發出警訊，呼籲工業化國家和各國的主權財富基金要出錢出力，支持曾任美國副國務卿的世銀總裁佐立克 (Robert Zoellick) 提議的「全球糧食政策新政 (New Deal on Global Food Policy)」。

佐立克要這些主權財富基金捐出它們總資產的一％，亦即三百億美元，在最窮困的非洲國家投資並協助開發。他說，今年以來飛漲的糧價，等於全球救助貧窮的戰爭「倒退了七年！」聯合國援助貧窮國家的世界糧食計畫署現在還短缺五億美元，則希望已開發國家盡速捐輸，補足這個缺口。

世界銀行估計，各國貧苦家庭有七五％的開支都花費於基本的糧食需求。僅最近兩個月裡，全球米價

就漲了七五％。一年來，世界市場的小麥價格漲了一二〇％。如將所有糧食價格合併統計，過去三年平均上漲率也有八三％。

台灣在加勒比海最大的邦交國海地，月初就因糧價飛漲，窮人上街焚燒搶掠暴動，持續一星期之久，而總統浦雷華為挽救局勢，立即撤換總理，強迫壓抑米價。現在連美國人也在囤積食物，超市的米價駭人聽聞。南美有四國更由左傾的委內瑞拉總統查維茲倡議，設立一億美元的糧食安全基金，幫助玻利維亞、尼加拉瓜和古巴渡過面前的難關，可見問題嚴重。

依照世界糧食暨農業組織(Food and Agriculture Organization, FAO)調查，面臨糧食危機，急需援助者：非洲有廿一國，亞洲九國，拉丁美洲四國，歐洲二國，外加俄羅斯聯邦成員之一的車臣共和國，共計達三十七國之多。

FAO按缺糧原因再把它們分類為：一、嚴重缺糧者，非洲有賴索托、索馬利亞、史瓦濟蘭、辛巴威；亞洲有伊拉克；歐洲則有摩多瓦。

二、大部分地區買不到糧食者，非洲有厄立垂亞、賴比瑞亞、茅利塔尼亞、獅子山；亞洲則有阿富汗和北韓。

三、地區性糧食供應極不安定者，非洲有蒲隆地、中非共和國(Central African Republic)、查德、兩個剛果、象牙海岸、衣索比亞、迦納、幾內亞、幾內亞比索、肯亞、蘇丹和烏干達。亞洲有孟加拉、印尼、尼泊爾、巴基斯坦、斯里蘭卡和東帝汶。中南美則有玻利維亞、多明尼加、海地和尼加拉瓜。

《紐約時報》在社論裡指出，美國即使低收入的家庭，食物只占所得的十六％；與奈及利亞家庭把七三％的收入都花在食物上，簡直不成比例。該報統計，糧食倚賴進口各國的外匯支出去年比前年多負擔了二五%，玉米在國際市場的價格兩年來漲了一倍，小麥價格更打破了廿八年的紀錄。

平心而論，有些促使糧價飛漲的原因無人能加控制。中國大陸與印度人口仍在增加，生活大幅改善，對糧食的需求自然節節上升。另一項因素，是拿玉米來製造稱為乙醇 (corn-based ethanol) 的汽油替代燃料。

根據國際貨幣基金調查，三年來使玉米價格高漲的原因，至少有一半應歸咎於對乙醇的熱衷。已有學者指出，這種乙醇沒有像樂觀者預估可減少二氧化碳排放量達五分之一，反而使它增加幾乎兩倍，對全球溫室效應有害無益。現今因能源短缺，許多國家鼓勵本國廠商自製乙醇，對進口品則課以每加侖七角美元的關稅，也造成玉米缺貨。

由此可見，糧食供應與全球人口總數、農業生產技術乃至環保危機環環相扣，牽一髮而動全身。地球只有這麼大，一百七十年前，馬爾薩斯 (Thomas Malthus, 1766–1834) 已經提出人口論，預言糧食生產永遠趕不上人口增加率。

今年六月三至五日，聯合國將在羅馬召開「研討世界糧食安全與氣候變化和生質能源的高階層會議」，恐怕又將是空談一場，於實際無補。

我上網查的結果，信不信由你，《時代》週刊早在一九七四年就曾以〈世界糧食危機〉作為封面故事。真應了英語裡一句俗諺「太陽下沒有新鮮的事物」。人類雖已進入廿一世紀，糧食不足的老問題，依然揮之不去。

六七、教宗訪美熱潮　回顧歷史舊案

（原刊九十七年四月廿一日《中國時報》時論廣場）

天主教教宗本篤十六世上週首次訪問美國，掀起一股熱潮。教廷是我們在歐洲僅存的邦交國，台灣媒體報導不斷，對他接見曾遭天主教神職人員性侵害者，代表天主教會表示歉意的舉動，尤其讚譽有加。

美國人口普查局（US Census Bureau）統計，全美雖以信奉基督教的人數最多，約占五三％，仍有二四％是天主教徒，比三十年前增加很多，無疑與拉丁裔移民劇增，遠超過非洲裔的黑人人數有關。天主教會的影響力上升，也可從這次訪美各項安排之細膩看出。而教宗此行也創下許多史所未有的先例。比如，布希總統夫婦親赴機場迎接外賓，是八年來的首次。又如，白宮原擬在四月十六日教宗生日那天，在南草坪有五千人參加的歡迎儀式後，安排一場國宴，卻被他婉謝，寧願與全美各地趕來的樞機主教和主教團會議主席團共餐。同樣地，十八日在聯合國大會演講後，教宗也沒和潘基文祕書長、聯大主席與副主席等共餐，選擇步行回紐約總主教官邸，與紐約州主教團同聚。教廷在聯合國派駐有永久觀察員，享受會員國同等的待遇。本篤十六世也並非首次在聯大演講的教宗，在他之前，已有兩位共計講過三次了。

本篤十六世在聯大的演說，我聽完CNN全程轉播後，未免略感失望。以教宗的身分，自然不能點名批評任何國家，或挑出現有戰事或衝突地區，但只強調人權，旁及氣候變化、世界和平、掃除貧窮與宗教對話等等，難免給人老生常談的感覺。

本篤十六世訪美最大收穫，與白宮或聯合國給他的榮譽無關，而是他表現出來的恭敬謙讓、勇於認錯及與其他宗教互相交流的襟懷。天主教神職人員對信徒，尤其是未成年者的性侵行為早已不是新聞。《紐約時報》透露，自從二〇〇二年首次醜聞曝光到現在，教廷調查結果，涉嫌犯錯的各級神父到主教有五千人，遭性侵者達一萬三千人之多。美國天主教會因涉訟而賠償受害者的款項已逾廿億美元，仍無止境。

四月十九日是本篤十六世當選天主教第二六五任教宗的三週年紀念，美國信徒們盼望他多留一天，而本篤十六世卻排定當晚就搭乘義航（Alitalia）提供給他的「牧者一號」（Shepherd One，有與「空軍一號」比美之意）」專機，飛回羅馬，顯露出他不喜奉承、實事求是的本性。

上星期剛滿八十一歲的教宗，本名 Joseph Alois Ratzinger，是德國巴伐利亞省人。十四歲加入希特勒的國家社會主義青年團，十六歲從軍。當時究竟出於愛國熱誠自願從軍，或被強徵入伍，我懷疑官方傳記裡有為他洗刷之嫌。

不管真相如何，他十七歲時被美軍俘虜，在戰俘集中營度過一段日子。一九四四年歐洲停戰，他獲釋後才進神學院攻讀。天生聰敏好學，畢業後就成為神學教授，著作等身。

美國與教廷原無外交關係，一九八四年雷根任總統時，雙方才因反對無神論的前蘇聯而正式建交。今日有三點共同主張是雙方關係的基石：即恢復中東和平談判、限制核子武器擴散，與反對人工避孕和人工墮胎。最後一點正是美國自由派力爭的人權，又與教廷主張背道而馳。

教廷的外交政策常與美國格格不入。本篤十六世曾公開批評美國入侵伊拉克；他也反對死刑，而美國各州仍不斷處死三審定讞的死刑犯。但雙方也有若干動機迴異，卻利害相同的地方，尤其是拉丁美洲所謂

「革命教會」。教廷怕它影響與拉美各國政府的友誼，美國則認為這都是披著宗教外衣的左派反美分子。

教宗此次訪美，最緊張的是負責保護貴賓的財政部祕勤局，因為在他前兩任的若望保祿二世（John Paul II），廿七年前的五月十三日在梵蒂岡聖伯多祿廣場，被土耳其籍的職業殺手阿格卡（Mehmet Ali Ağca）從近距離連開三槍，倒臥在教宗專用車（Popemobile）裡。幕後主使者究係何人，至今仍是個謎。

那時我已調到瓜地馬拉，拉丁美洲凡天主教國家，外交團團長永遠由教廷大使擔任。若望保祿二世遇刺是件舉世轟動的大新聞，在瓜京大教堂裡舉行的祈福彌撒，總統以下全體閣員與外交團都要參加，至今印象深刻，也挑起我對此案的好奇。

有人堅持這是教廷內部爭權奪利導致的暗殺事件，矛頭直指若望保祿二世在遇刺前三週，祕密約晤六位最重要的樞機主教，討論撤換天主教各派系中最有力的耶穌會（Jesuits）總監。此後幾年裡，坊間出版揭發這樁陰謀的書籍達近廿種，我買了兩本，讀後感覺未免有些牽強附會。

阿格卡先被判處無期徒刑，在獄中常放話，先說他受保加利亞特務機構指使，後來改口說前蘇聯特務機構「格別烏」。若望保祿二世一九八三年耶誕節前還約見他。坐牢廿年後，二〇〇〇年義大利總統齊昂比（Carlo Champi）下令特赦，把他押上飛機送回土耳其，為一九七九年他犯的另一樁行刺案受審。

此人若非神經病，至少很懂為自己製造新聞。前年十一月本篤十六世將訪問土耳其時，他從獄裡寫信給教宗，勸他千萬不可前往，否則將遭不測，那封文情並茂的信被全球媒體競相報導。教宗沒有理他，照樣去全國九〇％都信奉伊斯蘭教的土耳其，結果太平無事。

六八、讓立院攤在陽光下　全民監督

（原刊九十七年四月十九日《聯合報》民意論壇）

「立法院職權行使法」部分條文修正案，日前在丁守中提案後，司法及法制委員會已經初審通過。如果院會三讀通過，今後黨團協商須全程錄影錄音，並刊登公報。更重要的是，過去黨團協商逾四個月仍無共識時，才能由院會處理，今後將縮短為一個月。

這是敞開國會門窗，讓陽光毫無阻礙地照進過去密室會商、利益交換的立法院最大的改革。能否三讀通過，是對掌握絕對多數的國民黨立院黨團和王金平院長聲望最嚴重的考驗。如果橫生阻礙，不論原因何在，人民會懷疑國民黨的誠信，馬蕭兩位也不能辭其咎。

世界各國裡，電視媒體廿四小時不斷播報新聞的台數，台灣穩居第一。但也因電視台必須倚賴廣告收入支持，新聞畫面必須時常轉換，才不令人生厭。久而久之，觀眾對立法院裡相對謾罵、丟皮鞋、打群架、圍困主席台、把院長鎖在休息室裡、乃至一哄散會的種種怪現象，變得麻木不仁。外國媒體先還偶爾播放這種場面，傳為笑談，看慣之後也減少了。只有愛台灣的華僑為之痛心疾首，不知如何向外國人解釋。

前幾天有人提議公布立委出席院會的次數，作為選區民眾監督他們選出民意代表是否盡職的指針，遭受地區立委同聲反對。所持理由是他們常須回鄉「服務選民」，真正可笑之至。難道為服務選民，就必須荒廢職守嗎？本末倒置，莫此為甚。

美國有個 ESPN 電視台，經常轉播 NBA 球賽，台灣觀眾對之並不陌生。該台在美國國會開會時，也經常全程轉播，看不看由你。我國的立法院，每年預算總用不完，才有為曾永權副院長買了豪華的凱迪拉克轎車，被批評後換車，使國庫橫遭損失的事件。從立法院預算裡撥個二、三千萬元，成立一個「立法電視頻道」，全程播放院會或各委員會開會情形，輕而易舉。因為無須搞變化，只要鏡頭對準講話的委員就夠了，花費無多，卻會有意想不到的效果。

許多立法委員平時趾高氣揚，盛氣淩人，但一到電視攝影機前，就判若兩人。立法電視頻道如能開播，使遠在中南部的選民可以考察他們票選出來的民意代表，是否言行如一，有無貪瀆之念，對於提高立法效率，杜絕結黨營私，保證有效。

六九、陸克文訪北京　懂中文者更難纏

（原刊九十七年四月十四日《中國時報》時論廣場）

去年十二月，陸克文率領澳洲工黨（Australian Labor Party, ALP），擊敗霍華德（John Howard）的自由黨（Liberal Party of Australia, LPA），贏得國會選舉，接任內閣總理時，海峽兩岸都大事宣揚。台灣因為他曾就讀國立台灣師範大學；中國大陸則因為他曾在北京澳洲大使館工作，而且是貨真價實的「中國通」，認為從此在國際上多了一位好友。

上任四個月來，陸克文也不負眾望，把他一向主張的澳洲應放棄三百年來重歐輕亞的種族歧視傳統，以務實態度營造與東亞更密切的經貿關係，逐步付諸實施。也就是二〇〇七年，中國大陸取代英美，成為澳洲最大貿易夥伴。

陸克文上任後第一件事，是今年二月國會開議時，以總理身分正式發表演說，承認當年白種人殖民澳洲時，對所謂「失竊的一代（the stolen generation）」原住民掠奪與屠殺行為，代表政府公開道歉，獲得舉世讚揚。

四月九日，陸克文抵北京展開為期三天的官式訪問。澳洲兩家最大日報《世代報》（*Age*）、《澳洲人報》（*Australian*）不約而同地在他啟程日發表社論，叮嚀他不可忘記提醒中國應該重視人權。中國大陸才發現這位貴賓真是特立獨行，不受主人擺布。

陸克文不負眾望。剛下飛機沒幾小時，他就按照預先安排，到北京大學向學生用華語演講，直言澳洲人民非常關切西藏的動亂情勢，呼籲中國政府應該和達賴喇嘛直接商談。陸克文也有他幽默的一面，有學生問他寫中國字的書法如何，他說他用毛筆寫字本來就很爛，現在更糟糕，引得哄堂大笑。

被外國記者詢問陸克文對西藏的關懷時，中國外交部女發言人姜瑜氣急敗壞地說：陸克文誤解了當地情形。陸卻拒絕收回他的發言，他說澳洲和世界其他國家一樣，承認中國在西藏的主權；但堅持在西藏有嚴重的人權問題，而作為中國之友，他此來將與大陸領導人坦率交換意見。中國駐澳大使章均賽則已向澳洲外交部提出口頭抗議，要求保證奧運聖火在四月廿四日抵達澳京坎培拉（Canberra）時，不得發生意外事件。

抵達第二天，亦即四月十日，陸克文從早到晚密集會見了大陸所有領導人，惟獨胡錦濤據說已啟程去海南島出席博鰲論壇，改在那裡見面。大陸向來極重視「國家元首」與「政府領袖」之間的等級差別；總理雖掌握治權，仍比元首低一級，這也可能是暗示對陸克文的言論不滿，對外卻不露痕跡的方法。

作為他對手的溫家寶總理，十日在人民大會堂以全軍禮正式歡迎陸克文，兩人談話自然高來高去。溫家寶指出中國已是澳洲最大的貿易夥伴，兩國雙向投資也在不斷增加中。中方將從「戰略高度和長遠角度」，重視與澳洲發展關係。

來一趟總要有點收穫，前一天北京外交部副部長武大偉就與澳洲「氣候變化與水資源部」部長黃英賢會晤。因此「陸溫會」後，雙方發表了「進一步密切在氣候變化方面合作的聯合聲明」，作為交代。

十日稍早，陸拜會了人大委員長吳邦國。新華社報導說，吳委員長表示兩國應「相互尊重彼此主權和領土的完整，互不干涉內政，以求平等互利」。弦外之音，陸克文當然也聽得懂。

等他和副總理李克強會晤時，才真正接觸到雙邊實質關係。李開始即提出：中國願意加速與澳洲談判兩國「自由貿易協定」，並願加強在資源與能源方面的合作。陸克文則趁機強調中澳雙方關係有「三大支柱」，就是：一、能源、資源與農業，二、製造業，三、金融服務業。他的用意非常清楚，因為雙方各有所需，應該互作讓步。

中國怎麼一躍而成澳洲的頭號貿易夥伴呢？因為澳洲盛產的天然氣、鐵礦砂、小麥、羊毛、肉類等，都是中國迫切需要的大宗物資。就澳洲需要而言，陸克文希望發展製造業，也敦促大陸早日開放金融服務業，讓澳洲的公司企業在大陸急速經濟成長中，也能分到一杯羹。

等到與胡錦濤在博鰲見面時，陸克文才嘗到厲害。胡向他說：拉薩等地的暴動，不是什麼「和平示威」或「非暴力」行動，而是「赤裸裸的暴力犯罪」；對於這種行為，任何一個政府都不會坐視不管。

胡更強調，西藏事務完全是中國內政。「我們和達賴集團的矛盾，不是民族問題，不是宗教問題，也不是人權問題，而是維護祖國統一和分裂國家的問題。」他對陸克文如此不客氣地訓斥時，在座還有中共中央辦公廳主任令計劃、中央政策研究室主任王滬寧與國務委員戴秉國。不知澳洲媒體對這樣尷尬的場面有無報導。

七十、馬儉樸就職　未失禮

（原刊九十七年四月七日《聯合報》民意論壇）

許多人對馬蕭就職典禮採較節儉的辦法，不安排各國元首分住五星級豪華旅館的總統套房，認為把貴賓們集中在一家旅館，住同樣的套房，有失待客之道。台灣外交處境困難，有此想法可以瞭解。但純就外交禮儀而言，並無不妥。

先從美國講起：我駐美十六年經歷四位總統，詹森（Andrew Johnson）因甘迺迪遇刺，福特（Gerald Ford）因尼克森（Richard Nixon）辭職，都是倉皇受命，沒有什麼就職典禮。另兩位尼克森與卡特當選就職時，也未邀請外國元首觀禮。因為自華盛頓開國以來，認為總統只是一個職務，不必像歐洲國王登基那樣，廣邀沾親帶故的他國王室來湊熱鬧，這就是美國深厚的民主傳統。

美國總統就職在元月廿日，華盛頓冰天雪地的氣候，對在國會大廈外露天看台上參觀總統宣誓就職的觀眾，也是一種折磨。台灣政要喜以接獲參觀就職典禮的邀請函，傲視同儕，其實透過任一位國會議員，都可弄到一封。雖有邀請函，往返機票、住宿和其他費用概須自理，哪有像台灣這麼慷慨的。

中南美洲承襲西班牙傳統，喜歡熱鬧。我在瓜地馬拉九年，每逢就職大典，中美各國總統自然齊集，南美大國就不來捧場了。基督民主黨（Guatemalan Christian Democracy）首次民選的賽瑞索（Vinicio Cerezo）

總統一九八六年元月就職，駐館早就呈報國內，派立法院長倪文亞為特使。就職前七天，忽接獲賽瑞索親筆簽名函，要請蔣總統經國來觀禮，實無可能。席氏在就職前夕，還來使館參加歡迎倪文亞的晚宴，但特使團機票、旅館與當地交通費用，仍由我們自理。

一九九四年四月底，曼德拉當選南非民主化後首任總統；五月十日就職，是那年國際間的盛事。當時南非全國也只有十幾家五星級旅社，而應邀觀禮者有一百餘國的特使團，其中有四十餘國的總統。早在投票兩月前，我就訂下最大旅館的總統套房與九十五個客房，剛好夠李前總統、隨行官員與龐大的記者團住宿；美國大使館訂得也很早。

英國由菲利浦親王 (Prince Philip, Duke of Edinburgh) 代表女王來慶賀，他只好住進英國大使官邸去擠一下；其餘各國元首更慘不堪言，有的須住到離斐京一小時外的城鎮去。但南非除就職當天的早餐與中午一場國宴外，概不負招待之責。這本是國際禮儀常規，我那時已是斐京外交團副團長，並未聽見任何一位大使有抱怨之詞。

與各國作法相比，外交部這次編列了九千萬元預算，對有邦交國來慶賀的特使團，一律致送頭等往返機票，安排高級套房與一應餐飲服務，出入均有加長禮車接送。無邦交國的外賓除機票自理外，其餘均享同樣待遇，已超越國際最高標準甚多。馬蕭決定採取較樸實儉約的作法，對提倡節約務實，導正社會風氣，更可能產生意想不到的效果。

七一、辛巴威大選遲不揭曉 穆加比氣數將盡?

（原刊九十七年四月七日《中國時報》時論廣場）

位於非洲東南部內陸，原為英屬南羅德西亞 (Southern Rhodesia) 的辛巴威 (Zimbabwe)，三月廿九日選總統。全國總共才一千三百萬人，到昨日已經九天了，還未宣布誰勝誰負。

計算選票真有這麼困難嗎？非也，傻瓜都看得出來。世界各國包括英、德、加拿大、澳洲等國首相與總理，美、法等國總統在內，無不公開質疑或譴責：是否已經連任廿八年總統的穆加比不肯下台，還在拖延時間，企圖竄改票數？辛巴威從一九八〇年獨立到現在，只有穆加比一位總統，別無第二人。此人自命為民族英雄，思想左傾，但執政以來貪腐的程度即在非洲也首屈一指。如用國際法「失敗國家」的尺度衡量，辛國早就名列前茅了。

我在南非時，和穆加比見過許多次面，話不投機，避鬼神而遠之。但因南非在白人政府時期，被非洲各國抵制；最初幾年，我如奉命去其他非洲國家洽公，必須到辛巴威首都哈拉雷 (Harare) 轉機，一年總要路過三、四次。

純就經濟而言，辛巴威有似南非的殖民地，約翰尼斯堡所有連鎖店在哈拉雷都有分店，走在街上簡直像仍在南非。辛巴威礦產豐富，除大量鐵礦外，還有金、銀、白金與銅礦；森林面積達一千九百萬公頃。

南非本就是辛巴威最大的貿易夥伴，占出口的三四%，進口的二二%，卻因為穆氏反白人政策，不敢投資開發。

辛巴威人以紹納族 (Shona) 最多，占七一%，其次為恩德貝萊族 (Ndebele)，有一六%。我接觸過的辛國人溫和善良，識字率高逾九〇%，獨立後普遍設立中學，高等教育發展更快。大專學校從二所增加到卅二所，部分為國立，其餘則受教會或外援補助。如果治理得好，很可能成為非洲南部的模範。

南羅德西亞時代，英國人大量湧入，加上南非的斐裔人，全盛時曾有廿五萬白人，開發土地並投資工商業，奠定了經濟基礎。一九六五年，執政的史密斯 (Ian Smith) 總理不滿倫敦當局對黑人太寬容，自行獨立 (unilateral declaration of independence, UDI)，造成國際法的首例，比科索沃要早四十二年。

黑人當然不肯接受，以游擊戰對抗；在英國調停下，先簽了停戰協定。史密斯企圖弄個溫和派黑人當傀儡未逞；一九八〇年重新選舉，穆加比領導的「辛巴威非洲民族聯盟 (Zimbabwe African National Union, ZANU)」大勝，執政至今。穆氏一開始就製造種族仇恨，沒收白人土地，限制白人各種權利。如今白人剩下不足五萬。外國人當然不敢再來辛巴威投資，ZANU 的達官貴人不懂治國，只知斂財搜刮，軍警橫行不法，上下交征之下，舉國沉淪，平民生活困苦到極點。

穆加比政績最糟的兩點：一是胡濫發行鈔票，辛國政府承認去年通貨膨脹率是七六三五%，實則達一〇〇〇〇〇%。二是醫療設施太差，愛滋病橫行。辛巴威的平均壽命男人只卅七歲，女人更僅卅四歲。雖說黑人不知節制性生活，政府也難完全推卸責任。民不聊生情形下，反對黨應運而起。為示區別，穆加比在黨名後又加了「愛國陣線 (Patriotic Front)」，簡稱 ZANU-PF。他曾以叛國罪名起訴一九九〇年代領導群眾反對他的人，包括 Welshman Ncube 和 Renson Gasela 等，但都被法院宣判無罪。

這次和穆加比競爭的對手是那次無罪釋放後，領導「爭取民主變革運動（Movement for Democratic Change, MDC）」的茨萬吉拉伊（Morgan Tsvangirai）。人民受不了貪汙腐敗的 ZANU-PF 政府，投票一面倒，穆氏氣數將盡，只剩下拖延一法。

即使在選前，各國派來的觀選團異口同聲，認為政府對反對黨活動橫加各種無理限制，不符公平正義原則，穆氏置之不理。到投票日，他乾脆不准外國媒體入境採訪，弄得 CNN 只能在國界上南非那邊對全球廣播，也是新聞史上奇蹟。根據 MDC 統計，茨萬吉拉伊得票超過穆加比，自認為已當選了。

九天以來，全球所有大報都以社論批評穆加比拖延手法。二〇〇三年原大英國協（the Commonwealth）通過制裁案，他露出蠻橫一面，悍然退出。次年「南部非洲發展共同體（Southern African Development Community, SADC）」通過會員國應遵行的選舉規則，穆加比這老狐狸不敢退出，改陽奉陰違敷衍過去。聯合國調查報告指控辛巴威暴政使七十萬人流離失所，他也不敢退出聯合國。

我估計這一兩天裡，穆加比可能以雙方票數不相上下為詞，宣布擇期重辦總統選舉。然後找個莫須有的罪名，把茨萬吉拉伊關起來。到時除了「非洲聯盟」組軍討伐外，誰也拿他沒有辦法；而非洲聯盟有沒有勇氣呢？我不敢樂觀。

七二、五二〇前　還有誰該辭

（原刊九十七年四月二日《聯合報》民意論壇）

民進黨的大官小吏，八年來吸食納稅人血汗錢成癮，面臨五二〇政權交接，還在死皮活賴地儘量安插私人。民間一片指責之聲，他們假裝聽不見，「笑罵由他笑罵，好官我自為之」，這種不正常的現象必須認真檢討，為今後樹立典模。

新總統上任之日，提出辭呈的人不應以內閣為限，所有政務官與半官方機構董監事、駐外使節、國營或公營事業機構負責人、乃至各部會駐外單位主管，不論職位高低，都應該遞出辭呈。新政府是否接受，則是另一碼事，主要目的在於落實政權輪替的真實意義。

所謂半官方機構，海基會即其一例。海基會原本只是個白手套；它與外交部所轄的北美事務協調委員會和亞東關係協會一樣，經費全來自政府，等同於政務官。在陸委會包庇下，投票前一天海基會多位正副處長職位，被換成綠營的「空降部隊」。這些人的薪津既由國庫開支，就該提出辭呈，由下任陸委會主委來決定。

至於國營或公營事業機構，乃至轉投資的公司或基金會負責人，包括董事長與總經理，更幾乎全是扁政府與民進黨的金主，兼強迫所屬人員「不樂而捐」給民進黨選舉經費的人。他們更應該比照政務官，在五二〇前向主管部會，包括經濟部、交通部與財政部，正式請辭，讓下任各部部長考慮他們的去留。

駐外使領館與代表處更需如此。依外交慣例，大使既代表國家，也代表元首個人，在到任國書裡寫得明明白白。總統換人，依例須重遞國書。派駐無邦交國的大使級代表，也該比照辦理。隨手舉兩例：報載駐日代表陳鴻基說，馬英九如偏向中國，台灣人會革命，真不知他代表的是誰。另一則是總統府公關室主任李南陽，既未通過外交官考試，亦無外交資歷，竟奉派為大使級的駐愛爾蘭代表，如何服眾？

不但駐外使節應全體提出辭呈，其他各部會局也有大小不同的駐外單位，附屬於使領館或代表處下。其負責人就該機關而言，也是單位主管。杜正勝把他的祕書派到駐紐約辦事處，如此不要臉的動作引起許多批評，他卻無動於衷。唯有各機關派駐國外主管不論官職高低，一律在五二〇前請辭，才能使全國人民耳目一新，表現新政府扭轉搶先安插私人的惡劣風氣和與民更始的決心。

七三、巴基斯坦開始變天　穆夏拉夫處境尷尬

（原刊九十七年三月卅一日《中國時報》時論廣場）

短短兩個多月時間，台灣順利地再度政黨輪替，南亞的巴基斯坦卻沒那麼幸運。兩國國會選舉時間很近，台灣在元月十二日選出第七屆立法委員，而巴基斯坦國會下議院選舉則是在二月十八日。相同之處是：巴國總統穆夏拉夫領導的政黨「穆斯林聯盟－領袖派（Pakistan Muslim League-QA）」和台灣民進黨一樣，大敗虧輸。

巴國政黨瞬息萬變，複雜萬分。這次勝利的恰巧是八年前被穆夏拉夫搞政變推翻的夏立夫（Nawaz Sharif）領導、與執政黨鬧雙包案的政黨，它叫「穆斯林聯盟－夏立夫派（PML-Nawaz）」，只在後面加上領導人的名字，以資區別。也只有本國人才弄得清楚；許多外國記者的報導，在這方面都鬧出笑話。

除PML-Nawaz外，反對政府的還有去年底返國競選，旋即遇刺身亡，兇案至今尚為謎團的班娜姬・布托的「巴基斯坦人民黨（PPP）」。該黨原想推她十九歲的兒子畢拉瓦出來競選，她的丈夫札達里可在幕後操縱。但在政治現實下，曇花一現就銷聲匿跡了。

不同之處則是：巴國總統與國會也是分開選舉的。而且先選總統，後選國會。總統採間接選舉制，由國會與各省議會投票，舊國會當然一致投票給PML-QA。去年十一月，全國猶在戒嚴中，受穆夏拉夫操縱

的巴國中選會十一月廿四日已經公告：現年六十五歲的穆夏拉夫當選總統，可以再做五年。

問題是巴國遵循「西敏政制」，總理對國會負責，因而必須獲國會過半數的支持。新選出的國會既反對穆氏，總統的日子肯定不好過。新任內閣總理吉拉尼(Yusuf Raza Gillani)本就與穆夏拉夫面和心不和。三月廿六日穆氏主持內閣就職典禮，兩人雖在鏡頭前握手，但全場毫無交集。看在媒體眼裡，這情形不可能在今後五年都持續不變。

不管怎樣，今後巴國「朝小野大」，已成定局。巴基斯坦與阿富汗接壤，邊境實際受賓拉登領導的「基地」恐怖組織控制。「北大西洋公約組織」駐阿國部隊與美軍不斷轟炸、搜索，而巴國伊斯蘭激進派內心卻同情恐怖分子。內外交迫下，總統寶座要維持到二〇一三年，確非易事。

巴基斯坦內部的問題，數不勝數。貪汙腐敗是常態，官愈大貪得愈多，習以為常。兩度擔任總理的班娜姬，就是因貪汙罪證明確，逃到杜拜避風頭，一去十年。她與穆夏拉夫總統談妥條件，取消通緝後，去年十月十八日返國，受到萬人空巷的歡迎，因而又引起穆氏疑忌。

十二月廿七日，班娜姬遇刺身亡。巴基斯坦有不少人咬定這是穆夏拉夫怕她會在總統選舉時威脅自己當選的機會，買通職業殺手引爆自殺炸彈攻擊，以致班娜姬當場殞命。除非穆氏下台，這樁疑案與台灣的三一九槍擊案一樣，永無水落石出之望。

英國的舊殖民地都有良好的司法獨立傳統。去年三月，穆氏已經和最高法院首席大法官喬德瑞(Iftikhar Muhammad Chaudhry)發生過衝突。巴國律師界為聲援喬德瑞，不但穿著律師的黑袍上街遊行，而且集體「罷工」，拒絕出席所有民刑訴訟，成為曠古未有的奇聞。到七月，最高法院判決喬氏無罪，才得復職。

到去年底，最高法院接獲一群律師代表人民團體聲請解釋，穆氏再度尋求連任是否違憲的問題。穆夏拉夫惱羞成怒，索性宣布戒嚴，凍結憲法，把這批律師和承辦法官，包括喬德瑞在內，關進監牢，這也是唯巴國才會發生的怪事。

穆氏的連任花招，層出不窮。去年十月，舊國會中八十五位反對黨議員不願做「豬仔」，集體辭職。唯命是從的議長胡塞因立即宣布，少這些票不會影響穆氏當選。巴國民眾批評「軍人治國」。穆氏先把軍權交給對他忠貞不貳的基亞尼 (Ashfaq Parvez Kayani) 中將；十一月底他脫下軍服，以文人身分競選成功。

美國布希總統一直把穆夏拉夫看作反恐戰爭最堅強的盟友，在國際上支持他不遺餘力。雖在世界輿論壓力下，仍派副國務卿尼格羅龐提 (John Negroponte) 與主管南亞事務的助理國務卿包潤石 (Richard Boucher) 此時到巴基斯坦訪問，而且就在內閣宣誓那天，拜訪兩位拒不出席觀禮的反對黨領袖：PML-Nawaz 的夏立夫，與 PPP 共同主席札達里。

《紐約時報》透露，這兩位美國高階外交官被夏立夫刮了一頓鬍子。雙方晤談後，他告訴記者們說：「美國要消滅恐怖分子，但是我們也不喜歡別國的軍機盲目轟炸巴國的鄉鎮。」

巴國媒體隨即吹起一股強勁的批美風。英文日報《破曉》(*Dawn*) 的總編輯說，美國要巴基斯坦的新政府聽從它的指揮，沒有那麼便宜的事。另一家《新聞報》(*News*) 則發表社論，題目是〈山姆大叔，放手吧 (Hands Off Please, Uncle Sam)〉。看來布希政府需要改變一下態度，應付巴基斯坦逐漸變天的新局勢。

七四、外交大帽 別壓周美青

（原刊九十七年三月廿六日《聯合報》民意論壇）

《聯合報》民調發現，四成八民眾認為周美青應該繼續工作，廿到廿九歲間的人更有七二％覺得她不必辭去外間誤傳的「兆豐金控法務處長」職務。昨天她發表聲明，說自己實際是在兆豐金控屬下的「兆豐國際商銀」服務，與客戶從無接觸，只和銀行內部同仁商討涉及法律的問題，不必也不會辭職。

三二二過後，許多民眾回思激烈競選過程，才醒悟到周美青純樸毫不造作的風格，竟給馬蕭配起了很大的加分作用。事實上，台灣足以自傲的，除這次選舉表現出來的民主自由、和平容忍的成熟風度外，就是廿一世紀地球村民的生活方式。如有研究機構調查過各國首都已婚婦女在外工作的比例，台灣肯定超越英美等國。我認識的年輕夫婦幾乎都各有各的職業，太太的薪水高於先生者也不稀奇。

認為周美青應該辭去現職的人，所持理由不外兩點：一是成為第一夫人後，她必須陪同總統接見外賓，出席國家大典，「母儀天下」。二是避免利益衝突。

辭職與否，本來就是周美青個人的事，其他人等沒必要在旁亂出主意，更不可拿外交禮儀大帽子去壓迫她。

台灣當前外交處境困難，國人皆知。楊甦棣被記者問曾否談到新總統就職前訪美可能時，直言「要華府作決定」。換句話說，美國必須考慮大陸的壓力；日本更不待言。

放眼東南亞，恐怕只有在與大陸建交公報中未提一個中國原則的新加坡，馬或可在五二〇前往訪。其餘比中和市人口還少的邦交國，更無須急於一時。今後邦交國元首來訪者，也不會如扁任內「打腫臉充胖子」那麼多。拿「拚外交」作為周美青應辭職的理由，說服力實在不足。

仍留現職，會不會發生利益衝突，驟聽似乎有理，但她昨天的聲明已有解釋。國人已對周美青的個性有相當認識，她宣布在某件特案上「自行迴避」，大家會相信她言出必行的獨立自主性格，不會口是心非。馬英九選上總統，正因為他誠實不欺，人民希望藉以改革台灣十幾年來領導人說一套、做的又是另一套的惡習。相信馬英九的人，會更相信周美青的誠懇。

周美青肯定會盡到她做第一夫人的責任，不要去逼她。甚至她是否搬進玉山官邸，或寧願留在原來的陋居，都是她的自由，讓她自己去考慮吧。

七五、西藏 vs. 奧運＋民族自尊 失控將釀大禍

（原刊九十七年三月廿四日《中國時報》時論廣場）

總統選舉終於落幕。事前令人捏一把汗的西藏抗暴運動，被呂秀蓮稱為「天上掉下來的禮物」，並未對民進黨翻盤有任何幫助。稍有國際觀的人，不論藍綠，都鬆了一口氣。

台灣雖可慶祝選舉和平結束，但遙望西藏以及青海、四川、甘肅等藏族集居各省，可知這場壓抑了四十九年的怒火，事前無人能夠預測，如今也無人知道如何澆熄。CNN不斷播出各國遊客偷攝的照片與錄影片段顯示，它已經變成一場明知無望，卻不計後果的人民革命。各地前仆後繼的年輕藏胞，豈但達賴喇嘛控制不了，大陸當局也窮於應付。

世界領袖，從英國布朗首相到教宗本篤十六世，都開口勸中國妥善處理此事了。電影巨星李察基爾(Richard Gere)，向來鼓吹西藏獨立，肯定會號召各國自由人士抵制日益迫近的奧運。大陸也將面臨如何保護攀登喜馬拉雅頂峰的聖火選手們，不遭受攻擊的安全問題。

暫時撇開台灣對藏胞應有的同情心，客觀地替中共當局著想，就可知北京雖然面對全球壓力，卻無法退讓半步。抗暴行動擴散得愈廣，解放軍的武力壓制只會更激烈。放眼今後幾週或幾個月，不能不令人憂慮。

馬英九在第一時間，率直批評溫家寶「蠻橫無理，自大愚蠢」，反而引起謝長廷認為講得太快，有損台灣運動員參加奧運的權利，未免捨本逐末。因為自一九五九年西藏抗暴運動至今，國民黨的立場是有跡可循的。馬個人對二二八、天安門事件、到此次西藏抗暴的看法，更可說始終一貫，從未動搖。

今日在台灣，已經沒人記得一九五九年三月廿日，西藏爆發大規模抗暴行動的經過，更無人知道當時中華民國政府的開明態度。那次拉薩先發生激戰，前後藏各地起義者逾卅萬人，但仍非解放軍的敵手。三月廿三日，共軍攻陷拉薩。廿六日，蔣中正總統發表〈告西藏同胞書〉，我正在新聞局任國際處長，是我把它譯成英文對外發布，記憶猶新，難以忘懷。

那篇文告最重要的一段，原文如下：「我中華民國政府，一向尊重西藏固有的政治社會組織，保障西藏人民宗教信仰，和傳統生活的自由。我現在更鄭重聲明：西藏未來的政治制度與政治地位，一俟摧毀匪偽政權之後，西藏人民能自由表現其意志之時，我政府當本民族自決的原則，達成你們的願望。」

讀了上面這段文字，尤其極度敏感的「民族自決」原則後，馬英九上週二強烈回應溫家寶在北京為兩會結束舉行國際記者會的言辭，就不足為奇了。四十九年前，蔣中正總統發表的聲明固然有些惠而不費的味道，但義正詞嚴，無人可以否認它今日仍有其價值。

這也是大陸政府所處的困境。經過幾乎半個世紀，西藏面貌已完全改變：首先，五十年來漢族大量移居的結果，青藏鐵路構築前，藏境內的漢人人數早已超越藏族。其次，大陸自改革開放以來，共產主義理論早已破產，必須賴民族主義維繫人心。要大陸人民接受西藏高度自治，軍隊和學生先就不答應。

更無法解決的是，除「藏獨」外，中共中央還必須面對「疆獨」和「台獨」的問題，毫無迴旋餘地。最後，別忘記胡錦濤因擔任西藏自治區書記十年，受江澤民賞識，才被選拔為第四代接班人。只要他在位一天，北京勢必採取最強硬的手段。

揭竿起義的青年藏胞，雖奉達賴為精神領袖，未必萬事都聽從他的指揮。事情演變到今天，北京絕對不會和達賴談什麼「不求獨立、只要高度自治」的和平方案。悲天憫人的達賴宣稱，如果能談出什麼轉機，他願意退休，有些好笑。他可以辭掉設在印度達蘭沙拉 (Dharamsala) 西藏流亡政府 (Central Tibetan Administration of His Holiness the Dalai Lama) 的職務，但作為第十四代轉世的「活佛」，他該向誰去請辭，才不致破壞藏傳佛教的中心信念呢？

有組織、有領導的反抗運動比較容易應付，至少有透過談判，協商解決的可能。但在世界各國首都，自動自發的遊行示威人群，到中共大使館前焚旗抗議，與警察發生衝突，一連串此起彼落，正因為並無組織或領導中心，反而防不勝防。

如此複雜而又無解的西藏問題，恰值北京奧運年，挑戰大陸的民族自尊心與國家顏面。萬一失控，後果無法想像，台灣或其他各國都只能眼睜睜地看著，束手無策。

七六、政大校友會　反對莊國榮回政大

（原刊九十七年三月十九日《聯合報》民意論壇）

民國三十五年，前中央政治學校更名為國立政治大學。民國四十三年在台復校，由陳大齊任校長，我是改制後外交系第一屆畢業生，如果連中央政校時期算在一起，則為第十三期。政大「親愛精誠」的校訓與誠懇樸實的校風，深印腦中。今年春節十三期同學聚餐，我是掛名的召集人。數日來同班同學紛紛來電話，異口同聲，認為像莊國榮這樣品德不修，口出穢言的人，實在沒有資格回政大，續任助理教授。

我當然深具同感。不過鑑於五〇年代，美國麥卡錫 (Joseph McCarthy) 參議員追究共產黨人滲透學術界與影劇界，不分皂白一網打盡的後遺症，各國都有讓「政治歸政治、學術歸學術」的共識。作為大學校長，應該容忍各種不同的意見。儘管莊國榮的言行，已遠超出學術自由的範疇，吳思華校長此時仍不宜直接干涉。有電視名嘴引哈佛大學校長桑莫斯 (Lawrence Summers) 辭職之例，認為校長不必蹚渾水。我特別去查閱細節，其實扯不上關係，看法雖然有理，舉例並不恰當。

最理想的情況，是莊國榮自動不向政大申請復職。如果他真在五二〇之前提出申請，吳校長也不必直接介入，可將問題交給星期五公共行政系的系務會議去處理。另一方面，從政大教師會長周祝瑛到其餘各院各系的教授，都有充分的權利可以表示他們「羞與為伍」的主張。同學們尤其有權利舉牌遊行，反對莊國榮回來授課，用他偏執的觀點汙染校風。

昨晚七時，我商獲政治大學校友會邱創煥理事長同意，以在台三萬餘校友名義，一致反對莊國榮重回政大任教。

七七、馬來西亞變天？沒那麼嚴重

（原刊九十七年三月十七日《中國時報》時論廣場）

上週台灣報紙大幅報導馬來西亞國會下議院與州議會選舉。自獨立後連續掌政五十年，以「馬來民族統一機構（United Malays National Organization, UMNO，簡稱「巫統」）」為首的執政聯盟「國民陣線（Barisan National, BN，簡稱「國陣」）」遭遇前所未有的挫敗，有報紙稱之為政治海嘯。其實沒那麼嚴重，因為三月十日，「國陣」主席、馬國總理巴達威（Abdullah Ahmad Badawi）仍在吉隆坡王宮正式宣誓就職，一副若無其事的模樣。

這是「國陣」初次吃選舉敗仗，在全國執政的十二州中有四州失守；在二百一十九席的下議院裡，原占一百九十九席的BN，一下子掉到只剩一百三十七席，而反對勢力從十九席暴增為八十二席；以致股市崩潰，收盤跌了九．五%。這些現象雖屬事實，外國媒體仍未免過度解讀，因而造成馬國「變天」的錯誤印象。

BN栽這麼大個跟斗，原因眾多。連任六屆執政長達廿二年的前總理馬哈地說「我當初挑錯人了」，其實在遮掩真相，因為UMNO和BN多年來以「新經濟政策（New Economic Policy）」為名，實際讓馬來族在升學、就業、任官與經商時享有各種優惠待遇，其他各族不滿已久。這回適逢其餘各族群起挑戰種族歧視，才能顛覆 BN 的獨霸局面。

巴達威揹負的黑鍋，起自馬哈地 (Mahathir bin Mohamad) 與他原來指定接班人安華 (Anwar Ibrahim) 副總理的個人衝突。馬氏指使檢察官把安華以貪瀆與雞姦罪起訴，馬國最高法院對前項輕判，後項則宣判無罪。所以安華此次才能參選，而且率領他的「人民公正黨 (People's Justice Party)」，順利回到下議院。

巴達威執政五年來，馬國經濟成長緩慢，通貨膨脹直線上升，治安敗壞，貪汙橫行，加上提拔他的馬哈地倒戈相向，自然會選輸。馬國政體是「西敏寺制 (Westminster system)」，本可等到明年再改選下議院，而巴達威估計明年大馬經濟會更糟，才提前辦理選舉。不想形移勢遷，安華與另一個馬來裔反對黨「泛馬回教黨 (Pan-Malaysian Islamic Party, PAS)」聯合起義，華裔與印度裔人趁機加入，各方聯手，顛覆了馬國傳統政治。

依照美國國務院最新統計，面積是台灣九倍的大馬，總人口二千六百九十萬，比台灣只多四百萬人。其中馬來裔是五〇・二％，而華裔占二四・五％，幾乎是二與一之比。此外印度裔有七・二％，外島的南海人種，亦即玻里尼西亞人 (Polynesian) 則達十一％。如此複雜的人種，先天註定必有競爭，社會階級不平等由此形成。

殖民時代，英國人高高在上；華僑因工作勤奮，經商致富而成為中間階級；社會最底層是樂天知命的馬來人。獨立建國後，馬來裔翻身成為統治者，自然要保護同族人民，免得他們無法與華人或印度人在職場或商場競爭。美國有過「積極消除差別待遇 (affirmative action)」前例，馬來西亞因而東施效顰。

馬國獨立後，總理東姑拉曼 (Tunku Abdul Rahman) 最早成立的政治團體 UMNO，而「馬華公會」之所以願意與巫統聯合成為國陣，還有一段隱情，因為一九五〇年代馬來西亞共產黨游擊隊的首領陳平正是華裔。僑社急於和此人劃分界線，所以在理論上，馬華公會也算是執政黨的一分子。廿一世紀的今日，這些考慮都已過時了。

華裔在大馬的實力不容小覷：聯邦直轄的吉隆坡一百卅八萬人口中，馬來裔占四三・六%，而華裔竟達四三・五%。這也是大馬藉紓解吉隆坡經常交通阻塞為名，把首相公署與其他中央機構從八年前開始，逐步遷往布城 (Putrajaya) 的真正原因。大馬全國十三個州中，檳城 (Penang) 華裔達四六・五%，超過馬來裔的四二・五%。此外如柔佛 (Johore) 占三五・四%、霹靂 (Perak) 三二%、雪蘭莪 (Selangor) 三〇・七%、馬六甲 (Malacca) 二九・一%，華僑影響力之大，印度裔無法比擬。但馬國不准有華文報紙；近年才容許僑校復課，教師得到新加坡或印尼招聘，華人都隱忍不便聲張。

大馬政府口稱自由民主，但「記者無國界（法文 Reporters sans frontières, RSF）」組織把馬來西亞的新聞自由程度，在全球一百六十九國中評為第一百廿四名。這次選舉的計票過程，外國媒體與觀察員普遍認為弊端甚多。

而執政聯盟在全國十三州中輸掉五州可分為兩種情形：雪蘭莪、霹靂、吉打 (Kedah) 和檳城是被反對黨搶走，吉蘭丹 (Kelantan) 則原本就由 PAS 掌控已十八年。「國陣」只控制所餘八州。

儘管安華和反對「國陣」的馬來裔人欣喜若狂，從新加坡到大陸的華人社會卻緘默異常。我找遍《星洲日報》、香港《大公報》甚至北京國務院僑務辦公室的網站，不見對馬來西亞大選有什麼分析報導。可見中國對此次馬國政情變化所持的態度極端謹慎，避免招致馬國政府反感而引發對華裔報復的措施，這頗值得玩味。

七八、俄國新總統 會「普」規「梅」隨嗎？

（原刊九十七年三月十日《中國時報》時論廣場）

台灣媒體對於俄羅斯聯邦這次的總統選舉，興趣濃厚，報紙大幅刊登消息，電視也頻頻轉播畫面。但這國家實在太大，有資格投票選民達一億九百萬人，全國設置九萬六千個投票所，從黑海到西伯利亞，橫跨十一個時區，計票之慢可想而知。

直到台灣時間三月八日，俄國的中選會才宣布此次總投票率達六九・八一%。普丁（如照俄語發音，其實更近中國大陸譯法「普京」）的「俄羅斯團結黨（United Russia）」候選人梅德維傑夫（以下簡稱梅氏）獲得七〇・二八%的選票，或五千二百五十萬票，輕易擊敗只獲得一七・七二%選票的俄國共產黨黨魁朱加諾夫（Gennady Zyuganov）；另外兩小黨的候選人落後更遠。

各國媒體大都認為梅氏受普丁一手提拔，會「蕭規曹隨」般地普規梅隨。但如仔細研究兩人所受教育和工作經驗，會發現他們的人生經歷豈止相差甚遠，甚或完全相反。

梅氏固然已經宣布，將請普丁擔任內閣總理。美國人因此猜測，普丁今年才五十五歲。俄羅斯國會下議院（National Duma）準備修憲將總統任期從四年延長到七年。那麼二〇一二年普丁可再競選下屆總統，依憲法得連任一次，可以做到二〇二六年他七十三歲時才退休，重新交棒給屆時滿六十歲的梅氏。這是老美仍視俄國為潛在大敵的想法，可能性雖難排除，動機未免太明顯了。

普丁初次競選總統時出版過自傳《第一人稱》（*First Person*，可譯為《我這一輩子》）。書中自承出身微賤，祖父是列寧和史達林的廚師。他一九七五年從國立列寧格勒大學法學系國際法組畢業，論文題目是〈國際法下的最惠國原則〉。那年即參加前蘇聯特務機構「格別烏」，他求學時當然也參加過蘇聯共產黨，現在都避而不提了。

一九八五至一九九〇年間，普丁被派在東德德勒斯登（Dresden）工作，與西德及美、英、法特務人員從事諜對諜鬥爭。柏林圍牆倒塌後，他回到迅速崩潰中的俄國，跟隨他大學老師、聖彼得堡市長索布查克（Anatoly Sobchak）擔任外事委員會主任六年。

羽翼逐漸豐滿的普丁，此時踏入政治圈，成為親政府的「俄羅斯是我們的家園」黨聖彼得堡支部主委。一九九六年他遷居莫斯科，受葉爾欽總統賞識。葉爾欽與戈巴契夫（Mikhail Gorbachev）的權力鬥爭時，是他幫助葉爾欽把戈氏拉下馬的。

此後普丁扶搖直上，從總統府副祕書長轉任「聯邦安全局」（前身為「格別烏」）局長，成為名副其實的特務頭子。一九九九年八月普丁任第一副總理，沒幾天升為代總理，葉爾欽並正式指定他為繼承人。而普丁在二〇〇〇年五月首次當選總統，二〇〇四年又以七一％的壓倒多數連任。

普丁任總統的時間，與陳水扁相去無幾。差別在他八年來的政績優異，先將聯邦組織改為一條鞭式的中央集權，隨而大力改革金融稅制，增加退休人員待遇，注重人民福利。在他執政期間，俄國 GDP 增加六・四倍，平均月薪從六十五美元跳到五百四十美元，荷包滿滿的俄國人自然擁護他。

他的對外政策也恢復了俄國人的驕傲與自信。在歐美各國眼中，普丁是不折不扣的「大俄國主義」者，幾乎有史達林或戈巴契夫的味道。隨著國力增強，他的外交政策也越來越強硬。雖然在科索沃獨立一事上不敢與「北大西洋公約組織」攤牌，但拜油氣價格飛漲之賜，從北韓到伊朗，他都有意與西方作對。

另一方面，梅氏出身教授家庭，書卷氣遠重於政客味。他一九八七年才從國立列寧格勒大學（後改名國立聖彼得堡大學）法學系畢業，比普丁晚廿二年。先在學校教書，後加入民營企業，曾因索布查克教過他書的關係，在聖彼得堡市政府外事室兼任顧問。

梅氏從政的歷史極短。一九九九年底，他才被普丁找去莫斯科做總統府副祕書長，三年後升為祕書長，並兼任俄羅斯國營「天然氣工業公司（Gazprom）」總裁。二〇〇五年獲擢拔為第一副總理，三級跳般越過總理職務，被普丁指定為繼承人。說來可笑，這次選總統是梅氏平生第一次競爭民選的任何職務，在任何國家都可謂異數。

如此難得的際遇，梅氏理應一切聽普丁的指示辦事，三至五年內應該不致改變。但每個人難免總有真正自主的慾望，放眼未來廿六年，他能否永遠奉命唯謹，就很難說了。依俄國憲法精神，總統應掌握大權，總理只需聽命行事而已。但兩人的性格習慣，卻恰巧與之相反，他們能否適應新職，有待觀察。

七九、誰為民進黨創黨精神招魂？

（原刊九十七年三月九日《中國時報》時論廣場）

距離大選投票日只剩十五天！綠營情急之餘，出招越來越猛，不談政策理念，只作人身攻擊。如今《台灣週報》與「非常光碟」都出籠了，連謝蘇陣營都臉紅，只好抵賴說不是他們做的。

謝長廷放任民進黨助選的立委們，「揭發」蕭萬長「子女」在美國與台灣坐擁豪宅，或說馬英九大姊在大陸與白狼張安樂「密會」。這種毀謗他人名譽的招式，只會使廣大選民反感而已。

這類只為鞏固深綠基本盤，不擇手段的泥巴戰，除南部鄉下六七十歲的阿公阿嬤外，對剛屆滿年齡初次投票的年輕人，效果恐將適得其反。蕭萬長與周美青要提出毀謗名譽之訴，理所當然，且會得到有識之士的同情。民進黨不乏頭腦清醒人士，他們或謝長廷主席怎麼會看不到想不通，使許多人百思不解。

君不見脫離民進黨已久的許信良，及創設台聯黨的李前總統，近來忽然發出與過去迥然有異的言論。他們並非為搶救謝蘇配面臨大敗虧輸的局面而來。有朋友說，此時任何重回民進黨大纛的人物，與因謝宣示「如果敗選，就永遠退出政壇」那句話而來的，並非相信謝言而有信，卻因眼看他被陳總統牢牢綑綁，動彈不得，為了挽救民進黨才跳出來的。

民進黨若再輸掉最後一戰，阿扁固然無處容身，謝蘇兩人也必須擔負敗選責任。黨內檢討之聲勢必大起，他們既無法躲避，也無處可躲。三月廿二日後，國民黨忙於準備再度輪替的千頭萬緒時，民進黨內鬥就會展開。

在那樣環境下的內部檢討，必然是早年抱持民主自由信念的那批人，要致力使民進黨如鳳凰般浴火重生，找回當時創黨的精神與理念。八年來只為吃香喝辣，昧著良心追隨陳水扁的達官貴吏，必須被逐出民進黨陣營，讓這個台灣第二大黨恢復原先的純潔良知，那才是台灣之福！

八十、兄弟傳承　你所不知道的古巴

（原刊九十七年三月三日《中國時報》時論廣場）

上星期的國際大事，是八十二歲的卡斯楚 (Fidel Alejandro Castro Ruz) 因病退休，古巴國民議會以起立鼓掌方式，通過由他的胞弟繼任。這位二月廿四日才宣誓就職的總統全名叫 Raúl Modesto Castro Ruz。

在此我必須指出：自從中央通訊社影響力衰退，行之多年的統一譯名委員會消失，各報與電視台的外國人譯名五花八門，令讀者與觀眾莫知所從。媒體編譯組人員多半只懂英文，又忙得很少去聽 CNN 報新聞時怎麼唸，因此錯將 Raúl 譯作「勞爾」。美國多得是拉丁裔人，大家都知道此字應分兩個音節 Ra-ul，而重音在後面，應讀作「拉烏爾」才正確。正如他哥哥的名字 Fi-del（菲戴爾），重音也在後面一樣。

拉烏爾今年七十六歲，一九七六年起就是第一副總統。古巴的憲法很奇怪，副總統有六位之多，不知是否怕萬一美國打來，炸掉首都哈瓦那的總統宮，總還剩下幾位副總統可繼續領導抵抗。

二〇〇六年七月，卡斯楚已因病體不勝煩劇，提請國民議會通過，依照憲法第九十四條，由拉烏爾代理國務會議主席職務，他已經做了二年，這次只是真除而已。

美國 CIA 有人堅稱拉烏爾與菲戴爾同母而不同父，那是惡意的謠言。卡斯楚的父母共生三男四女，菲戴爾自幼聰穎，成績優異，好出風頭；而拉烏爾成績平平，性格內向，沉默寡言。但他的革命精神不輸乃兄，高中時就加入共產黨外圍的社會主義青年團。

一九五三年，兄弟兩人因參與攻打軍營失敗，坐了廿二個月的牢。期滿獲釋後逃往墨西哥，是拉烏爾先結識切・格瓦拉（Che Guevara），把他介紹給哥哥菲戴爾。CIA 說拉烏爾此時也與前蘇聯特務 Nilolai Leonov 搭上線，則確有其事。一九五六年，他們兄弟乘條名為“Gramma”的破輪船意圖回國打游擊未成，因此革命成功後，古巴共產黨的機關報以“Gramma”為名，作為紀念。

當時古巴總統巴蒂斯塔 (Fulgencio Batista) 貪汙腐敗，遭人民唾棄。菲戴爾・卡斯楚在海外組織義軍，登陸後勢如破竹。拉烏爾率領的一支在東方省 (Oriente) 立下戰功，贏得“commandante”的名號。當時游擊隊並無官階，這已是最高的榮譽，據說他對敵人毫無慈悲心，俘擄來的政府軍一概槍斃，不留活口。

很多人不知道，卡斯楚一九五九年革命成功時，打的還只是社會主義旗號，到一九六五年才改稱古巴共產黨。從那年起，拉烏爾就是古共中央政治局的第二書記，兼國務會議副主席。但從執政開始，他就以「革命武裝部長」身分掌握軍權，領章上有四顆亮晶晶的星，替他老哥嚴防外力入侵。「豬玀灣 (Bay of Pigs)」一役即是他的戰功。

兄弟兩人信仰共產主義的熱誠雖無二致，個性卻頗有差異。菲戴爾習於享受群眾的歡呼愛戴，在數萬人的運動場演說，一講就三、四個小時。拉烏爾則性格內向，謹慎保守，不喜歡出席群眾大會。他注意細節，處事務實，上星期據傳他已對財政部表示不滿，更有報導說他有意效法中共，逐漸走上「社會主義市場經濟」的道路。

卡斯楚執政六十年，原本倚靠前蘇聯購買古巴盛產蔗糖的變相補貼。蘇聯垮台後自顧不暇，古巴經濟跌入谷底，公務員月薪僅合十九美元（新台幣六百元）。古巴政府因此將貨幣“Peso”分成「可兌換幣

(convertible)」與不可兌換兩種，手持可兌換幣的人能進出觀光飯店，購買進口奢侈品，來源就是逃往美國「古巴船民」的僑匯。人民反感之深，已至非改革不可的地步。

台灣沒有多少人瞭解古巴華僑社會的特色。加勒比海島國較少種族歧視，牙買加 (Jamaica) 曾有位姓何名才的，被英女王任命為總督。在古巴，種族融合更加徹底，古巴革命軍裡曾有過三位華人准將。

華人移民古巴，是十九世紀因販賣黑奴激起世界公憤，各國不能再倚賴黑人勞工。古巴的西班牙殖民政府為栽種甘蔗需要，從中國大量招收「契約勞工」總計十三萬五千餘人。這些人落戶娶了當地女子，所生子女雖自認為古巴人，卻也未忘本。他們的兒孫追隨古巴國父塞斯佩德斯 (Carlos Manuel de Céspedes)，參加了一八六八至九八年間古巴的「卅年獨立戰爭」。哈瓦那市中心一九三一年就為他們建立了紀念碑，上面寫著：「沒有一個古巴華人是逃兵。沒有一個古巴華人是叛徒。」

現仍保持軍銜的三位華裔將軍，一位姓蔡 (Armando Choy)，後來做過大使。一位姓徐 (Gustavo Chui)，曾遠征非洲安哥拉、衣索比亞和莫三比克，做過古巴駐安哥拉軍副參謀長。第三位紹黃 (Moisés Sio Wong)，後為「中古友好協會」會長。三人都已年逾七十，退享餘年了。

八一、想霸占圓山？　小白兔變大餓狼

（原刊九十七年三月一日《聯合報》民意論壇）

只因為她的丈夫陳建隆旅美時不斷捐錢給台獨運動，宗才怡八年前竟敢接掌千頭萬緒的經濟部，沒幾天才發現當個部長不像她想像那麼簡單，「誤入叢林的小白兔」從而成為家喻戶曉的笑話。幸虧民進黨體貼，讓她去做圓山飯店的董事長，近日立委爆料，七年多下來，豈只綠營大小官員，連民進黨高級黨工都人手一張圓山俱樂部的貴賓卡，得以免費享受豪門或富商必須花費四五十萬元加入為會員，才得到俱樂部游泳、按摩、或用餐打折的優待。

那也罷了，這兩天報紙透露，她居然鼓動交通部，要以財團法人「台灣敦睦聯誼會」的名義，把圓山飯店「買」下來，價格僅新台幣九億元。凡略知圓山飯店歷史的人，無不驚訝萬分。因為這個聯誼會本是圓山自己成立的機構，拿自己賺來的錢，把自己買下來，如此大膽的「五鬼搬運法」，等於不花分文把國有財產據為私有。

人人都知道國民黨執政時期，這個聯誼會聘請的總經理姓孔名令偉，她是孔祥熙的次女，老蔣總統夫人最鍾愛的「孔二小姐」。圓山飯店從八字形兩排石頭蓋的簡陋招待所，要走到盡頭才有供住客公用的浴廁，四五十年來陸續增建，從金龍廳到十四層的大樓，才有現在這樣規模，孔二小姐的功勞不小。但以她與蔣公夫婦關係之親密，也不敢做宗才怡敢做的事，看來小白兔真的變成「大餓狼」了。

圓山飯店值多少錢？要找答案很簡單。

首先，全台北市不可能再找到像圓山一樣，居高臨下，俯瞰全市；而從四通八達的道路網仰望，最吸引人目光的就是圓山前面的大牌樓與主建築。我記得多年前，美國旅館大王希爾頓曾來台考察，想蓋座遠東最大的旅館，結果找不到可與圓山比美的地點，只好放棄。

其次，先查明圓山飯店範圍究竟多大？占地有多少坪？然後去市政府查鄰近建地每坪價值若干，一索即得。我的估計，休說九億新台幣，加個幾十倍恐怕也不會夠。

更何況，報載早在九年前，已故的辜振甫先生、旅館業龍頭嚴長壽和夏功權三位已經花五十萬元籌組成立了「圓山大飯店公司」，至今並未撤銷登記。宗才怡與交通部長蔡堆說已經過期了，只是配合民進黨「化公為私」的把戲而已。

八二、口水少政策多 辯論新典範

（原刊九十七年二月廿五日《中國時報》時論廣場）

恭賀四家大報、中央社與公共電視台，因為相對於有線電視各台每晚所播的政論節目而言，它們昨天聯手為全台觀眾提供了一場口水較少，討論選後政策較多的範例。

能做到公正不偏，且確實反映民意，絕非易事。主辦單位公視事先周密計畫，選出有代表性提問人，從原住民到同志到被判死刑後上訴十幾年的蘇建和，令人感動。更重要的是，這些人沒有幾位很在意馬英九女兒的國籍，或謝長廷高雄市府舊部的官司，令人耳目一新。

仔細聆聽他們向兩位候選人的提問，才使我領悟到：選民真正關心的事務，與名嘴們每晚翻覆炒作的假議題，有多麼大差距。馬謝兩人無從預料，確實顯現出各自領袖氣質與掌握問題的程度，將對游離的中間選民產生影響。

謝馬兩位也維持了最低限度的禮貌，開始時的握手言歡，是做給媒體看的。到最後有位小姐請他們講對手的優點而非缺點時，馬似乎顯示略多誠意，但也是見仁見智的事。整體而言，兩人的表現都不差。希望這次辯論，能將還剩廿七天的大選，遠離泥巴戰、口水戰與給對方亂戴各色帽子的惡習，導引回歸以政綱政策為唯一考量的道路。

八三、科索沃獨立　回首我國與馬其頓交往經過

（原刊九十七年二月廿五日《中國時報》時論廣場）

上週的大新聞是巴爾幹半島塞爾維亞共和國南疆自治省科索沃宣布獨立（unilateral declaration of independence, UDI），其實這並非新鮮事。始作俑者是一九八〇年非洲前南羅德西亞、現稱辛巴威的白人總統史密斯，脫離英國逕自獨立，從而使 UDI 成為研究國際關係的重要一環。

一週來中外媒體充滿有關科索沃的報導，但連美國有線電視新聞網的資深外交記者都不瞭解巴爾幹半島錯綜複雜的種族關係，盡是隔靴抓癢，忍不住要把我所知道的科索沃情形，與讀者分享。

科索沃與台灣有何關係呢？說來話長，一九九八年底，政府聘丘宏達、韋濂松與我三人為沒有薪水的首屆無任所大使。那時台灣剛與巴爾幹半島的馬其頓共和國建交，李前總統登輝興致勃勃，率爾宣布我國將以三億美元，幫助科索沃戰後復興，手筆之大，震驚各國。

在胡志強部長堅邀下，我每天上午去外交部二小時，看所有「東歐小組」與外館來往的函電。因此去了馬其頓三次：一九九九年三月，初次陪胡部長去馬國；同年八月，參加蕭萬長院長的正式訪問團；到了二〇〇〇年五月，陳水扁已當選，即將就職，別人都不願前往，只好由我擔任團長，去和馬國簽訂投資協定。

李前總統原來構想是，歐洲邦交國過去僅有教廷，馬國是第一個灘頭陣地，可從而試探並擴充到科索沃甚至阿爾巴尼亞的可能。所以蕭前院長率領的訪問團裡有經濟部江丙坤與林義夫、外交部辜濂松與歐鴻鍊、經合會羅平章和五位立法委員。同時組織旅奧地利僑商組團會合，看能否吸引他們投資。

馬國憲法是內閣制，總理喬傑夫斯基 (Ljubčo Georgievski) 那時才卅三歲，被譽為全世界最年輕的總理。和台灣建交，是他因久居美國，知道有台灣奇蹟，自動找上門來。可惜後來與他手創的「VMRO-DPMNE 黨」不和，脫黨另創「VMNO-NP 黨」。最後竟然恢復保加利亞國籍，搬到索非亞去了。我初聞覺得不可思議，但這正反映了巴爾幹半島各族密集混合居住的現實。

原定我八月五日會隨蕭前院長去科索沃首府普里士提納 (Pristina)，或因媒體把我國捐助三億美元一事宣揚過甚，引起歐洲國家內心不滿，駐紮科索沃的「北大西洋公約組織」部隊不肯保證我們一行安全。馬其頓政府也無法派部隊到國境外保護全團，只好臨時取消。

但李前總統答應給科索沃的援助並未食言，其實因兩國距離太遠，如贈送三百輛公車以及修復戰火毀損的屋瓦、木材等，只能在馬其頓就地採購，運往科索沃。所以除科索沃外，馬其頓也受惠不少。到二〇〇一年六月斷交為止，共支出六千餘萬美元，我必須負其中部分責任。

舊南斯拉夫聯邦原本因各族雜居，不斷摩擦，問題不斷；第一次世界大戰就是因一個塞爾維亞人刺殺奧匈帝國王儲斐迪南大公 (Franz Ferdinand) 才引起的。二次戰後，靠狄托 (Josip Broz Tito) 元帥抵抗納粹德國的聲望，再加上塞爾維亞族 (Serbs) 對其餘族群的高壓統治，勉強維持到一九九〇年代才爆發內戰。

原屬南斯拉夫各邦，包括斯洛凡尼亞、克羅西亞 (Croatia)、波士尼亞赫塞戈維納 (Bosnia and Herzegovina)、馬其頓 (Macedonia) 和蒙特尼哥羅 (Montenegro) 在兩、三年內紛紛獨立，給以首都貝爾格勒

(Belgrade) 為主的塞爾維亞人很大的衝擊。我們也曾試探過比馬其頓獨立更早的兩國，未獲回應。

塞爾維亞人屬於斯拉夫族 (Slavic) 在歐洲南部的一支，使用俄文 (Cyrillic) 字母，信仰東羅馬帝國時代從天主教分裂出去的東正教 (Orthodox Church)。而科索沃九二%人口是阿爾巴尼亞裔，屬於土耳其 (Turkic) 族，阿爾巴尼亞語也是土耳其語系的一支，人民信奉伊斯蘭教，雙方先天就註定格格不入。

一九九六至九九年間塞爾維亞總統米羅塞維奇派軍鎮壓科索沃獨立運動，受到聯合國干預。因濫殺無辜民眾，他成為被國際刑事法院審判的第一位前任總統，轟動一時。

科索沃獨立的另一因素，是美歐對俄羅斯隱含敵意。根據安理會第一一六〇、一一九九與一二四四等號決議案，北大西洋公約組織各國以維持和平為名，派有大批部隊常駐科索沃。一九九六至九九年間科索沃內戰時，北約暗助「科索沃解放軍 (Kosovo Liberation Army, KLA)」，是公開的祕密。至今美、英、法、德等國仍有三萬餘精銳部隊駐在科索沃境內。所以俄國與塞爾維亞只能叫囂，不敢動武。

中共有「疆獨」與「藏獨」的顧忌，在科索沃問題上自然附和俄國，但也明知局勢已無法挽回。歐洲其餘不敢學樣而立即承認科索沃獨立的國家，不是怕俄國或塞爾維亞報復，而是因本國也有分離運動而躊躇卻步。西班牙有巴斯克 (Basque) 區蠢蠢欲動，希臘與土耳其則顧慮塞浦路斯 (Cyprus) 兩族會把全國分割為二。聚集在貝爾格勒的外國記者不懂其中原因，報導自然發生誤差。

科索沃獨立已經無可改變。塞爾維亞人憤恨之餘只能上街抗議，放火燒美國大使館出氣。台灣不先派人接洽妥當，就貿然表示承認，顯示主政者缺乏外交常識，徒然把臉丟到國外，於己有損，於人無益，真是何苦。

八四、三一九謎團 他們該給交代

（原刊九十七年二月廿四日《聯合報》民意論壇）

刑事鑑識專家李昌鈺日前忽然說，如果五二〇選出的新政府要重行調查三一九槍擊案，會全力配合。這話絕不簡單，李雖從台灣警校畢業，去美後憑藉專業努力，做到一州警察廳長，與美國政府的關係密不可分。現在說的話又與他四年前應邀來台調查後所言有出入，背後定有文章。

當時立法院專案通過，聘請王清峰律師主持真相調查委員會，委員包括各界公正人士。但受到扁政府公開或暗地阻撓，被傳喚的證人或則託辭規避，或索性不理不睬，向各機關查詢資料，更是推三阻四。幸虧王律師鍥而不捨，最後提出厚厚一巨冊報告書，指出該案的許多矛盾與無法解釋之處。當時侯友宜堅稱兩槍都是陳義雄打的，而陳又神祕死亡，儘管家屬呼冤，檢調仍草草結案，留下一大堆問號。

現在紙包不住火了，扁政府有關人員不能再躲在陰暗的角落裡，必須出來向全國人民交代。尤其有幾個人不可再抵賴。

首先是露出「蒙娜麗莎」式微笑的現任行政院邱義仁副院長。如今圖窮匕見，離大選投票不滿一月，人民有權利知道兩顆子彈的真相，否則一定會反映在三月廿二日的投票結果上。

其次該站出來說話的，是呂秀蓮副總統。不論凶手是誰，第一槍分明是對準她開的。如果她因而斃命，誰會獲利相當明顯。呂本人立即發表說明三一九事件真相的文章裡，也不諱言若非她因膝部受傷，坐在高凳上，早已沒命。現在她卻又扭扭捏捏，以「免得影響選情」為詞，自己封口。副總統在民進黨內不得人緣，只能向媒體好友訴苦，有此大好良機而不一吐為快，也令人詫異。

最後是此案「有功」的侯友宜。他如要保全隻身進入南非武官家中和陳進興談判的英勇聲譽，此時應該勇敢地跳出來，自承究竟是何人暗示，把所有責任推在陳義雄身上，且放任製造那把手槍的唐守義堂而皇之地出境，以便結案。此時侯署長必須坦白交代，否則一輩子被人指指點點，才真難過。

八五、鏈震　大撈一筆？買艦換過境？

（原刊九十七年二月廿日《聯合報》民意論壇）

總統府與行政院聯手，實際由副院長邱義仁全盤操縱，設立向國外買軍火的「鏈震公司」一案，一週來的發展有如掏糞缸，越掏越臭，啟人疑竇。全國人民以納稅人身分，都應該問個明白，立法院更應追根究柢，查個清楚。

本案引起偌大風波，不能怪在野黨，要問執政者為何推三阻四，說詞前後矛盾。早在去年十月，立委張顯耀提出請邱義仁到國防委員會報告「軍品釋商現況檢討」，被邱副院長以「體制不合」為理由拒絕列席，還策動民進黨立委以不出席抵制，使委員會開不成。

現在被逼得不能不說明時，倒楣的國防部長李天羽只得率領一批官員面對記者，結果是一半人推說不知道，另一半則前言不接後語，互相推諉。行政院長張俊雄說：國防部僅出資四五％，所以鏈震性質應屬民營。這話卻與國防部軍備局科技產業處長侯惠文的說法不同。軍備局計畫評估處長劉達明和聯勤中心參謀長何國祥竟然都未參與鏈震案。軍備局採購管理處長鄭正文雖然承認參與一小部分的審查，他也不知道董事長是吳乃仁。

由證券交易所董事長吳乃仁來負責軍購，不知道是什麼邏輯。至於說鏈震是「民營」公司，更是天大的笑話。因為耀華玻璃公司屬經濟部主管，耀華居然投資鏈震十五%股份，加起來是六〇%，可見鏈震分明是國營；號稱民營，只為規避立法院監督而已。難怪吳伯雄要問：吳乃仁「是什麼樣的角色？」再用台語添上一句「真敢」！

為撇清起見，吳乃仁自稱他只做三個月，五二〇後一定辭職；還補充說三個月裡不可能完成任何軍購。知道內情的人卻問我：「你相信嗎？」總統府指使邱副院長冒天下之大不韙，處心積慮地要辦成這件事，背後有何不可告人的動機？

買軍火必有大筆回扣，是公開的祕密，在歐洲尤認為理所當然，尹清楓案便是一例。曾任美國在台協會理事主席的夏馨(Therese Shaheen)，前天居然投書《華府時報》，公開支持民進黨。此女向來就被認為是美國軍火商的代理人，如此干預台灣內政，違背國際常規，太不像話。政府急於成立鏈震公司的目的，就被外界懷疑是要趕在五二〇前大撈一筆。至於這筆巨款究竟是為執政者私人用途，或為執政黨捲土重來的經費，誰也不清楚。

除前項外，外界更指鏈震案可能還有另外一個目的，就是藉向法國購買掃雷艦一事，爭取陳總統在五二〇前去非洲訪問友邦時，「過境」法國。掃雷艦非有極高科技水準造不出來。台灣已向法國詢價，據說每艘要好幾百億新台幣。如果真的只為總統過個境，花這麼多冤枉錢，凡納稅人都有權利問政府：「有這個必要嗎？」

八六、達富爾戰火 延燒到左鄰查德

(原刊九十七年二月十八日《中國時報》時論廣場)

台灣正要歡度春節，迎接農曆戊子新年的時候，非洲撒哈拉沙漠以南地區的查德共和國首都恩加美納(N'Djamena)卻爆發激烈內戰，由鄰國蘇丹政府幕後支持的叛軍包圍了總統府、最高法院、礦務部與中國大陸捐建的「人民宮」。週末前後那四天裡，雙方死傷以百計，總統德比(Idriss Déby)的性命岌岌可危。

查德原為法國舊屬地，至今仍駐有法國空軍的幻象式戰鬥機與一千四百五十名法國軍隊。在關鍵時刻，殖民時代母國的薩科奇總統立即伸出援手，派國防部長莫林(Hervé Morin)趕去恩加美納，並且在聯合國安理會阻擋「非洲聯盟」所提派遣維和部隊的建議，從而扭轉局面，拯救了德比政權。

查德的東鄰正是蘇丹共和國的達富爾區。此前十天即一月廿六日，恰巧我應龍應台文化基金會之邀，在該會「思沙龍」講過一次「你所不知道的蘇丹達富爾」。有位從蘇丹來華已經一年的留學生，帶著他同樣信奉伊斯蘭教的台灣妻子來聽講，勇敢地為他的祖國辯護，使五百餘聽眾都為他的愛國情操感動。

那天講話時，我指出在蘇丹緊鄰的查德境內，由國際人道團體設立的難民營裡，已經收留了廿四萬四千名流離失所的達富爾貧苦人民。但我或他都想不到，一週後兩國邊境就發生衝突，且有擴大可能。如從查德再向南部延燒，連中非共和國也有被捲入之虞。

非洲今日所有種族、宗教與政治糾紛，全都是十九世紀末葉，歐洲列強瓜分殖民地時，隨意亂劃疆界的後遺症。僅從書報去研究非洲問題是不夠的，一般人常認為在首都喀土穆 (Khartoum) 的蘇丹中央政府要人都是伊斯蘭教徒，以阿拉伯裔為主，屬於 Kikuyu 與 Kamba 族；而世居西部達富爾的則是黑人，多為 Luo 與 Luyia 族，多半已經改信天主教了。但數百年來，各族縱然信仰不同，仍然會有通婚，阿拉伯裔與黑人後裔已經很難分辨。那位蘇丹留學生就指著自己的臉說，他本人既有阿拉伯血統，也有黑人的遺傳。仔細看他的面龐，鼻樑挺直，五官端正，有阿拉伯人的特徵；但膚色黝黑，又與黑人無殊，外國人確實看不出來其間微細的差別。

打開天窗說亮話，非洲的紛爭戰亂絕大部分都是執政者為一己之私所造成，與國計民生無關。在蘇丹總統巴希爾的算盤裡，他原已與南部叛軍達成妥協，蘇丹南部選出的柯立爾 (Salva Kiir Mayardit) 現為第一副總統，南方在內閣也分到幾個部長職位，他已經讓出將近一半的權力，不可能再作讓步。

但西部達富爾區的人沿用原來南部叛軍「蘇丹解放運動軍 (Sudanese Liberation Movement)」與「正義平等運動 (Justice and Equality Movement)」的名號，受查德在幕後指使，要求也分一杯羹。極度不滿的巴希爾，因而供給武器彈藥，在幕後支持查德境內反對德比總統的游擊隊，直搗恩加美納，一舉攻入首都城內，包圍德比住處，而只因法國插手，才功敗垂成。

在此時刻，已成跛鴨的布希總統也來湊熱鬧。二月十四日，布希親自舉行記者會，宣布他與夫人蘿拉十五日起將訪問非洲五國。因為布希元月八日還趁蘇丹內戰雙方簽訂「全面和平協定」三週年紀念日，發表過聲明，我誤以為他此行可能與調停達富爾戰火有關，結果大失所望。

原來白宮女主人蘿拉自命為「非洲之友」，過去已分三次訪問過十個非洲國家。趁所有美國人只關注兩黨各自的總統候選人拼得你死我活，吸引住全球眼光之時，她選擇拖著丈夫再去趟非洲，為自己留下點去思，是件聰明事。

際此敏感時候，美國總統不便到蘇丹或查德去蹚渾水，避免刺激法國的薩科奇，這可以理解。因此布希夫婦此行只去貝南(Benin)、坦尚尼亞、盧安達、迦納和賴比瑞亞。後四國蘿拉都曾經去過，只有原名達荷美的貝南是舊法國屬地。台灣電視台春節後忙於追查陳冠希和多少明星拍過「不堪入目」的裸照上網公開，報紙則窮究謝長廷是否「線民」，都未提一字。

美國總統出訪，總要扮演「散財童子」的角色。布希行前，白宮宣布對非洲每年援助總額將自前年的四十億美元遞增到二〇一〇年的八十億美元，包括「海外私人投資公司(Overseas Private Investment Corporation, OPIC)」提供總數十六點二五億美元的投資保證、「千禧挑戰公司(Millennium Challenge Corporation, MCC)」與坦尚尼亞簽訂六點八五億美元的協議、以及和盧安達簽署對非洲第一個雙邊投資協定等。

但僅靠經濟援助，解決不了非洲的問題。蘇丹與查德邊境的戰爭就是最好的例證，只有從社會與教育各方面著手，等非洲人自我覺醒：際此全球化時代，他們必須趕上世界其他地區的進步時，才會有一點希望。

八七、「超級星期二」後　美國大選全新局面

（原刊九十七年二月十一日《中國時報》時論廣場）

每四年一次看美國選總統，不但使人眼花撩亂，還可能導致精神分裂症。元月底時，歐巴馬來勢洶洶，逼得希拉蕊珠淚輕彈。真正使觀察家詫異的，是歐巴馬居然獲得年輕人與民主黨自由派的認同，募款所得甚至超過希拉蕊，害得她自掏腰包，拿出五百萬美元給自己的競選總部，以應急需。

這筆錢上星期雖已歸墊，它代表的意義是兩人還要面對半年多的艱苦奮鬥。他們將一路纏鬥到八月廿五日，民主黨在科羅拉多州丹佛市召開全國代表大會，正式提名該黨總統候選人時，才知鹿死誰手。

政治人物沒有永久的朋友，也沒有永久的敵人。照趨勢看來，他們今後半年的競爭，將血灑所餘廿幾州。丹佛提名大會，才是雙方密室交易，討價還價之時。我的猜測是，最後兩人極有可能被形勢所迫，組成一正一副搭檔，至於誰正誰副，則視到時所獲選舉人 (electoral college) 票多寡而定。

相形之下，共和黨自麻薩諸塞州前任州長羅姆尼宣布退出候選之後，大勢底定。亞利桑那州聯邦參議員麥肯穩坐江山，鐵定將與希拉蕊或歐巴馬一決雌雄。

美國大選之所以動人心魄，正因為其間有許多無法預見的變數，使世界各國不得不屏息等待。尤其今年誰勝誰敗，對所有國家都有影響，不止中東而已。而美國選民心中最掛念的問題，又與外國人的關切截

然不同，幾乎扯不上關係。

首先，麥肯的對手如為歐巴馬，今年十一月十一日的大選將成為美國保守主義與自由主義的決戰。從雷根總統時代起，卅幾年來美國實際由保守派掌權，中間雖然柯林頓執政八年，在外交上卻一仍舊貫，選民因為經濟蓬勃發展，而柯林頓也不是如假包換的自由派，因而相安無事。

等到小布希子繼父業後，挾其近乎狂熱的宗教與政治信仰，所作所為被自由派認為「此若可忍，孰不可忍？」他們堅持不惜代價，也要把布希拉下馬的原因也在此。保守派稱這些人為「ABB (anybody but Bush) 主義者」，頗為傳神。

但如果希拉蕊成為民主黨總統候選人，而歐巴馬只是副手，局面就完全兩樣。希拉蕊與布希對伊拉克、阿富汗乃至「基地」恐怖組織首腦賓拉登的政策，老實說大同小異。自由派夢寐以求的兩黨在國家政策路線上攤牌 (showdown)，就很難如願了。

美國選民關切什麼問題呢？又要看地區而定。黑人自然會支持歐巴馬，但美國西班牙裔人口已超過一七%；西裔人口居多的加州和佛州，勢必因族群猜疑與忌妒而投給他的對手，這兩州選舉人票都名列前茅，會使共和黨漁翁得利。

如果換成希拉蕊，情勢就會改觀。紐約市黑人雖多，有可能被北部 (upstate) 白人選票抵消。中西部各州人民，保守成性，他們或許會投給一位女性總統候選人，但不會接受一位黑人總統。總而言之，從現在到十一月間，各種變化多得數都數不清，這是民主的好處，也可說是使人發狂的壞處。

去年十二月十日的《新聞週刊》(*Newsweek*) 有篇伍爾福 (Richard Wolfe) 分析民主黨二強競選策略的文章，主旨在點明今年大選的關鍵，在於死忠民主黨的選民接連兩屆輸掉總統大選之後，只在意一件事：就是要找一位能贏回白宮的候選人，至於此人是白是黑，或是男是女，他們都不在意。

抓住這要點，對希拉蕊與歐巴馬兩人在「超級星期二」前，忽上忽下拉鋸戰裡，輪流暫時領先的現象，只能冷眼旁觀。「超級星期二」後，更當作如是觀，否則天天跟著電訊改變看法，別人會當你是瘋子，唯靜待塵埃落定，才是辦法。

希拉蕊要拿什麼策略來與麥肯競爭呢？去年十二月廿三日《紐約時報周刊》的封面一反常態，既無照片，也沒有插畫，橫跨白色全版中央，只有一個新創造出來英文單字：Clin.ton.ism（柯林頓主義）。前面兩個音節用藍色，最後一個音節則用紅色套印，非常引人注目。而在這個新字下面，仿效字典的格式，有三項意義不全相同的註解：(a)基於實際政治考慮，為贏得選票起見，導引民主黨回歸中道的政治哲學；(b)自由主義變質，向保守主義投降，以利益為唯一考慮的思想，最終使布希得勝的政治現實；(c)民主黨決定提名何人競選下屆總統的真正關鍵。

請你就前列三種解釋隨選其一，就可猜出八月民主黨提名大會，與十一月美國大選時，會有哪兩組人馬對壘，以及勝負的機率如何。

八八、困獸猶鬥 布希最後一次國情咨文

（原刊九十七年二月四日《中國時報》時論廣場）

上星期二台灣時間上午十時，CNN 全程轉播美國國會參眾兩院聯席會議，讓我回憶起在美前後十七年多裡，從未錯過一次同樣的場景。台北觀眾對這種場面並不熟悉，事後媒體報導也只關注於歐巴馬與希拉蕊視若不見，連招呼都不打的花絮，有點可惜。

稍諳美國政治的人都知道，每逢總統發表國情咨文 (State of the Union Address) 是觀察兩黨立場最好的時機。今年的演說在美東標準時間晚上九時九分開始，長五十三分鐘，如扣除七十次鼓掌所耗時間，實際演講僅約半小時左右。

眾議院議場裡，面對主席台右方是共和黨參眾兩院議員的席次，坐在左邊的則都是民主黨議員。細心人會注意到如只有右邊的人站起來熱烈鼓掌，而左半邊的人仍坐在位置上紋風不動；依此標準，七十次裡約有三〇至三五%的話，民主黨並不贊同。

主席台上坐著的是依憲法身兼參院議長的共和黨籍副總統錢尼，與眾院議長民主黨籍的裴洛西 (Nancy Pelosi)。如果兩人中只有一位鼓掌，顯示另一黨反對總統剛講的那句話；兩人都鼓掌，則表示兩黨共同一致。

國情演說時，議場必定擠得水洩不通。因為除兩院議員外，還有許多來賓：最高法院的九位大法官必定到場，但為保持司法中立，從無表情。海、陸、空軍與陸戰隊四位總司令也被邀列席，除總統對前線作戰的美軍表示敬意時，可隨眾鼓掌外，其餘時間也因遵守不涉及政治的原則，只能靜坐。外交團則更不敢對駐在國內政有所偏袒，乖乖地坐著，難免打瞌睡。

樓上的聽講席，照例由白宮分配。今年除總統夫人蘿拉外，兩個女兒珍娜 (Jenna Bush) 和芭芭拉 (Barbara Pierce Bush) 都是首次出現，為父親捧場。其餘特邀來賓包括在伊拉克與阿富汗負傷獲得勳獎的官兵，以及與布希兩代交情深厚的金主，不少自遠處坐飛機趕來，回家後把請帖與照片裝框陳列引為榮耀。

來賓在八時卅分坐定後，從正門進場的高官也有一定順序：內閣成員由國務卿萊斯當先，魚貫而入，華裔的勞工部長趙小蘭 (Elaine Chao) 笑容迎人，搶盡鋒頭。然後輪到白宮祕書長與高級幕僚。這兩批人左右打招呼，又要費掉幾分鐘。

最後兩院的警衛長 (Sergeant-at-Arms) 並肩而入，參議院那位先開腔「女士們，先生們」，再由眾議院警衛長接著宣布「美國總統」蒞臨。此時全場起立鼓掌，布希才緩步進場，一路不斷有人搶著和他握手表示敬意，等全場坐定後，才開始演講。

今年布希的演講重點有三：一、為振興經濟，希望國會通過他的退稅方案；二、呼籲朝野在伊拉克問題上要有耐心；三、提出總額三千億美元，定名為「不讓貧苦學童落後 (No Child Left Behind)」的學費補助計畫。

他也警告兩院議員，討論年度總預算時不要隨便附加項目。俗語稱總預算案為「鹹豬肉桶 (pork barrel)」，布希誓言如有議員為自己的家鄉增列不必要的開支，他會使用總統的逐項否決權，一一予以刪除。

因為這是他兩任八年最後一次的國情演說，布希感慨地說，二〇〇〇年時「無人能想像到我國會經歷如許多的考驗」，其中包括「我們必須在和平與戰爭之間作困難的抉擇，在世界經濟中面對激烈競爭，並須兼顧國民健康與福利」。布希也相信「歷史會記載說，雖然有不同的意見，我們曾選定目標前進」。

回應國內自伊拉克撤軍的呼聲，布希宣布今後數月內將撤回二萬名駐伊部隊，但不肯說何時會完全撤離。他說：「走了這麼遠，也完成了這麼多，我們決不可前功盡棄。」引得共和黨議員全體起立鼓掌，民主黨那半邊則安坐不動。

在外交方面，布希隻字未提北韓；對伊朗則聲色俱厲，要德黑蘭政權就祕密提煉濃縮鈾及支持恐怖分子活動交代清楚。在伊拉克，他說「基地」恐怖組織最終會被消滅，民主政府也將清除遜尼派的游擊力量。

依照傳統，在野黨有權選擇其他場合，對總統的演說表示不同意見。民主黨先由參院多數黨領袖、內華達州參議員瑞德 (Harry Reid) 與眾院議長裴洛西回應，認為布希演說內容不外重申現在的政策，了無新意。

正式演說則由堪薩斯州女州長希伯莉絲 (Kathleen Sebelius) 發表，她出人意外地竟希望兩黨合作，共推有利於經濟民生的法案，這無疑是因為今年是選舉年，而堪州選民又比較保守，對自己荷包的關懷遠過於伊朗或北韓。

八九、新選制　力推者有臉提釋憲？

（原刊九十七年一月卅日《聯合報》民意論壇）

民進黨籍立委要向大法官會議，以「單一選區兩票制」造成各地選票不等值為理由，聲請釋憲。國際媒體將此訊報導到國外，會讓外國人笑掉大牙。

全世界民主國家辦理國會選舉，必須劃分選區；選區不論大小，人口參差不齊是無法避免的現象。我們的立法委員喜歡以美國的參議員自況，我收到許多委員名片，背面英文翻譯都用 senator 一字，充分表現自抬身價的心理。

我要請問提案的民進黨委員：他們知不知道在美國，懷俄明州只有四十九萬餘人，佛蒙特州也只六十萬剛出頭，但都有兩位參議員。相形之下，加州人口達三千三百餘萬，德州有二千餘萬，紐約州也有一千八百多萬。如依同一邏輯而觀，豈非懷俄明州的每位居民，等於六十八位加州人？或者佛蒙特州每人，等於德州卅四位，或紐約州的卅一位選民了嗎？

當然，美國除參院外，還有眾院。四百卅五名眾議員的選區如何劃分，權在眾議院手中。一百九十餘年前，麻薩諸塞州有位姓 Gerry 的州長，在任內藉修正選區之名，把選區重劃得彎彎曲曲，謀取選舉優勢。英文因此誕生了一個新字 gerrymandering，意指為獲得選舉利益而重劃選區。直至今日，美國眾議院仍常有此類事情發生。

台灣並無不同，單一選區如何劃分，是立法院通過的，當時民進黨委員參與審查，並投了贊成票。如今輸了選舉，就吵著要聲請釋憲，如何說得過去?拿「昨非今是」作理由，沒人會相信。退一步而言，金門、馬祖或澎湖因為人口較少，就不該分配到至少一名立委名額嗎?難道那三個島嶼群就不是台灣領土嗎?至於人口較少的另外六席名額，是特意保留給原住民的，更不應削減。

二○○二年開始推動的「立委減半」改革，原發起人是林義雄。二○○四年大選前，他率領支持者，在立法院外靜坐禁食，揮舞改革大旗。他又和李遠哲在二月聯合發動「掌握歷史時刻，完成改革使命」連署活動，逼得立法院在選前通過立委減半修憲案，隨即召開任務型國大，使此案順利通過。

今天要追究責任，應該問林義雄和李遠哲兩人才對。但他們都把頭縮起來，裝作事不干己的模樣。今後還是別硬裝萬事通，坦白承認自己思路不清楚，才導致民進黨在這次立委選舉的大敗。

九十、世界經濟論壇開幕　美國力挽狂瀾

（原刊九十七年一月廿八日《中國時報》時論廣場）

雖在瑞士日內瓦註冊，每年元月選擇在渴雪勝地達沃斯（Davos）開會的「世界經濟論壇（World Economic Forum, WEF)」上週三開幕。台北媒體似乎未加注意，連專程應邀前來的美國國務卿萊斯的那篇主題演講，針對全球股市狂跌而作的解釋，原應與股市崩盤並排對照，也未見太多報導。

WEF是個性質獨特的民間團體，它認為政府也好，企業界也好，文明社會也好，都無力單獨應付今日世界在全球化下，所面對複雜萬分的挑戰，必須集思廣益，積極對話，共同尋求應付之道。

論壇在一九七一年由瑞士經濟學教授施瓦柏（Klaus M. Schwab）提倡成立。原來的名稱是「歐洲企業管理論壇（European Management Forum)」，因為歐洲國家警覺到在經營管理上日漸落後美國，所以早年論壇焦點在教育歐洲工商界人士不能眼光如豆，只看到市場、客戶與股東的利益，要擴大視野，瞭解政府、社會與自身想要些什麼，和未來的大趨勢在哪裡。

一九七三年，施瓦柏受到已有廿餘年歷史的固定匯率崩盤，與中東以阿戰爭的刺激，開始邀請全球一千大企業加入論壇，共商大計。次年，加邀歐洲政府領袖出席演講。一九八七年，正式改名為「世界經濟論壇」。短短卅幾年裡，已成為舉世矚目的集合各國政治領袖、工商鉅子與傳播媒體的機構。今年會中，僅

各國記者就有六百人之多。

近幾年又有國際性慈善公益團體、非政府組織 (Non-governmental organization, NGO)、工會與宗教領袖等加入，參與討論，使它更受重視。二〇〇六年起，WEF 在北京與紐約設代表處，登記為非營利性社團。顯示這個跨國性純民間團體對美、中特別重視。

WEF 還有個特點，就是只以歐、美與崛起的亞洲為重點，對中南美洲毫不理睬，對非洲則有憐憫而不重視。它有廿名董事，實則仍由施瓦柏操縱一切。歷年論壇開會時，各國元首或總理用盡方法才能弄到一張請柬。去年的主講人是德國總理梅克爾女士，前年是英國前首相布萊爾 (Tony Blair)，會中通過向「八國集團 (G8)」建議減免非洲貧窮國家債務，獲得成功。

工商界要加入 WEF，其年營業額須超過十億美元（以二〇〇二年幣值為準）。每年繳納會費一萬二千五百美元，另加年會費六千二百五十美元。這只是普通會員，高一級者稱為「國際夥伴 (international partner)」或「智識夥伴 (knowledge partner)」，每年須繳廿五萬美元，另加年會費七萬八千美元。台灣許多大企業家如施振榮、張忠謀、曹興誠都出得起這種錢，但似乎尚無問津者。

達沃斯開會時，可謂冠蓋雲集。今年大會的共同主席除施瓦柏外，還有七人：英國布萊爾，美國有季辛吉 (Henry Kissinger)、大通銀行董事長狄蒙 (James Dimon)、Chevron 石油公司董事長歐萊利 (David J. O'Reilly) 與印度裔的百事可樂女董事長娜伊 (Indra K. Nooyi)，印度尚有最大私營銀行 "ICICI"（資產七百九十億美元）董事長卡瑪特 (K.V. Kamath)，第七位是大陸中國移動通訊集團的王建宙。

美國因次級房貸引起的股市震盪，波及全球。今年 WEF 開幕前，出席者先開了一次腦力激盪的非正式會議。熱烈討論的結果，歸納出九項對當前世界經濟的重大威脅，結論是 G8 今年七月在日本開會時應採取行動，挽救世界經濟危機（WEF 網站登有詳情）。

WEF 此時開會，每位與會者最關切的問題自然是美股崩盤，各國與會人士都說，美國整體經濟衰退的危機很高，且仍在增長中。難怪萊斯國務卿要大聲疾呼，向全場一千餘位政治與企業領袖、NGO 代表與媒體記者說：情勢並無悲觀的必要。萊斯開宗明義就點明，說她知道大家都看到美國金融市場最近大起大落，因而產生疑慮。她毫不顧忌地宣稱：「美國經濟富於彈性，組織健全；就長期而言，基本面沒有問題。」請各國不必杞人憂天。

萊斯演講的主軸其實在於闡述美國的外交政策。她說：「美國沒有永久的敵人。任何國家只要分享美國的價值觀，相信運用外交手段可化敵為友的，都可以做美國的朋友。」旨哉斯言。

九一、宣示主權不太平！

（原刊九十七年一月廿二日《聯合報》民意論壇）

陳水扁身邊盡是些只懂選舉造勢，卻對國際大局與外交情況茫然無知的傢伙。報載他趁南沙群島最大島嶼太平島修築機場完工之便，要去那裡走一趟，藉以「宣示主權」。媒體稱之為畢業旅行，我看只會惹下禍端，使繼任者難以收拾殘局。

報紙已指出：太平島距高雄一千六百公里，超出F-16戰機航程半徑甚多，即使加掛油箱，也無法全程護衛總統的座機。太平島上所謂機場，其實只是把島上的唯一道路加寬到三十公尺，但長僅一一五〇公尺，根本不夠新式噴射機種起降之用。元首出國，必須保證途中安全，因此後半段旅程需要海軍派出大型艦艇組成一條防空走廊。在東南亞各國互爭主權的海域裡，如此大張旗鼓宣示軍威，不惹起東協各國的抗議才怪。

大陸一直也認為南沙群島是它的領土，但為表示超級大國風範與「以大事小」的氣度，二〇〇二年在柬埔寨首都金邊與東協舉行10+3會議時，已經簽署了「南海各方行為準則」。準則詳細內容從未公布，其精神在遇有主權爭執時，各方同意用非武力方式亦即通過外交手段解決，使環繞南中國海各國，從菲律賓、印尼、馬來西亞、到越南，都鬆了一口氣，這就是胡溫體制聰明之處。

大陸對東協的態度如此溫和，自然是為爭取它們的好感與友誼。台灣卻反其道而行之，無緣無故地派出大量海空軍力，去那裡耀武揚威，除了為阿扁造勢，凝聚民進黨向心力，讓深綠選民「爽」一下而外，我看不出對國家或人民有什麼好處。

東協國家這幾年對台灣一意孤行，同時挑戰美國與中共劃下的紅線，危害整個地區和平安全，早有不滿。先不提阿扁這次「畢業旅行」，要浪費多少公帑，外交部應該基於國際觀點考量，向總統府建議暫緩辦理，或者取消，以免惹出更多麻煩或禍患。

九二、印總理訪大陸 一山能否容三虎？

（原刊九十七年一月廿一日《中國時報》時論廣場）

台灣全民目光在注視立委選舉計票時，中國大陸正忙於接待今年第一位「朝聖」的訪賓，印度的曼莫漢・辛格總理抵北京訪問三天。元月十六日，辛格剛走，英國首相布朗接踵而至，凸顯出中國舉足輕重的地位。

「金磚四國」之一的印度，冷戰時期因大陸支持它的死敵巴基斯坦，投入前蘇聯懷抱。一九六二年還與中國打了一仗，不分勝負。國際共產黨垮台後，印度逐漸調整外交路線，隨經濟迅速發展而向北鄰取經。五年前，當時印度總理瓦巴依 (Atal Bihari Vajpayee) 的破冰之旅，總算打開了幾十年僵持狀態。如今辛格又來訪，就東亞與南亞可望擠進超強之列的兩國而言，對雙方都有益。

中、印兩國合計共廿四億人，占全球人口總數的三八％，只這點就使各國側目而視。兩國經濟都有急速成長，但因沿海與內地生活條件差異，更凸顯內部都有貧富不均的問題。

拿雙方經濟體質作比較，印度所倚仗的是勞務輸出 (export of services)，而中國則以廉價商品獨步全球。這次印度工商界組有龐大代表團隨辛格到北京，卻不敢辦什麼商品展覽，只希望吸引大陸廠商到印度投資設廠，利用比中國更低廉幾倍的工資，去賺第三國的錢，雙方也可算有點「互補性」吧。

去年底，兩國磋商訪問日程時，辛格就決定除北京外，他對上海、西安、廣州、重慶等大都市，乃至蘇州、杭州、黃山等風景區都沒有興趣。該團把全部時間都花在公務（no nonsense trip），這三天可謂充分利用到家。

辛格也不願意浪費時間去拜訪不相干的官員。印度實行西敏寺制（Westminster system of government），總統是虛位，總理才是政府領袖，但比國家元首要低一級，所以他只能晉謁國家主席胡錦濤，談判對象以至歡迎國宴的主人都是溫家寶。此外，他只拜會了人大常務委員長吳邦國。其餘都交給隨行的部長去交際應酬。

三天訪問日程之緊湊也頗罕見。到達之日，溫家寶在機場迎接，共同檢閱人民解放軍儀隊。當天下午，主客二人就在人民大會堂舉行長達兩小時的正式會談，新華社說，會談內容包括「小範圍」與「大範圍」的深入交換意見，大小之間如何區別，外間只能猜測。會後，兩人共同舉行記者會，我找不到英美等國第一手新聞報導，只有空泛的分析與評估，看來除中印以外各國記者，似乎並未被邀參加記者會。

新華社報導透露，中方將邀請印度去年選出的女總統芭緹爾（Pratibha Devisingh Patil）明年來大陸訪問，溫家寶也邀辛格總理今年十月再來北京，出席「第七屆亞歐首腦會議」。印度外交部長梅農（Shiv Shankar Menon）此次隨行，在同意進一步擴大各方領域合作時，也商定年內兩國外交部長將互相訪問對方，楊潔篪少不得要去回訪了。

兩國雙邊貿易究竟如何呢？新華社十六日專訪前駐印度大使周剛，他說二〇〇四年已達一百卅六億美元，今年突破二百億，二年後將達三百億元。但就中共國際貿易總額言，仍只九牛一毛。印方去年自華入超達九十六億，積極希望要平衡逆差。

在敏感的邊界問題上，新華社用「對於中印邊界的談判問題，兩位總理也取得共識」一語帶過，未提Arunachal Pradesh省領土爭執的細節。在軍事交流方面，則表示「雙方同意繼續深化兩國軍隊之間的相互理解和信任」。據「英國廣播公司」報導，去年十二月，中、印曾在雲南邊境舉行歷史上首次聯合軍演，每邊參與人數僅在百名左右，看來是紙上作業而非真的演習。

外交訪問原本只是唱戲，劇本早就寫好，主角披掛上台照本演出。辛格這次一共簽署了十一項雙邊協議，內容從科學、住屋到文化無所不包。但最重要的還是第一天公布的「中、印關於廿一世紀的共同展望」，兩國政府或通訊社的網站均未公布內容，駐北京與新德里的外國使節與記者勢必要想盡辦法探聽細節。

印度最關切又不便啟口的，是希望中方支持印度爭取聯合國安全理事會常任理事國的席次。在這點上，北京與莫斯科同樣不願放棄否決權，只肯增加非常任理事國席次，新德里想都別想，辛格在這件事交的是白卷。

印度以南亞的崛起大國自居，中國有天然的地理屏障，並不太介意。但東亞的中日之間已有「一山不容二虎」之勢，亞洲能容得下三隻老虎嗎？今日無人能回答這個問題。

九三、東非最後乾淨土　肯亞動亂未息

（原刊九十七年一月十四日《中國時報》時論廣場）

我在南非時，歐美各國外交官凡遇短期休假，多喜歡去肯亞首都奈洛比 (Nairobi) 小住。奈洛比風景優美，氣候溫和，更是國際組織與非政府組織駐非機構集中地，我認識的大使也有藉探望老友之名，實則去那裡和女朋友幽會的。

肯亞最負盛名的，是吸引國外百萬富豪的狩獵旅遊業。有錢的大爺們駕自備飛機前往，住進私人經營、面積數千公頃的曠野花園 (safari park)。你要打隻獅子、老虎或大象，悉聽尊便。園中有嚮導陪同，教你如何瞄準，保證一槍斃命。其實這些可憐的動物都早就被選定，若非獸齡已到該死的時候了，就是繁殖太多，需要淘汰。肯亞政府眼開眼閉，從不過問。

曾幾何時，這塊非洲最後乾淨土也吹起了燒殺擄掠之風。上週歐美媒體充斥肯亞動亂的報導，CNN 每小時都有城鎮被暴民破壞，斷垣殘壁與燒毀車輛觸目驚心的鏡頭。而動亂如今已演變成執政的「全國團結黨 (Party of National Unity)」黨魁吉巴基 (Mwai Kibaki) 總統與反對黨間的生死鬥爭，雙方都不在意死傷或逃難的人民，所爭的是究竟誰贏得了十二月廿七日的大選。

外國觀察家報導，投票那天，肯亞三千七百萬人口中，投票率高達七〇%。競逐者眾多，最大反對黨

「橘色民主運動 (Orange Democratic Movement)」候選人歐丁嘉 (Raila Odinga) 在九〇%投票所開票後，原本贏吉巴基卅七萬票，最後卻輸了廿萬票。歐洲聯盟、國協以及肯亞國內觀察論壇都認為太不像話。

事實非常簡單，吉巴基掌握政府大權，中央選舉委員會 (Electoral Commission of Kenya, ECK) 委員都是他派任的，該會選後匆促開會，逕行宣布總統已當選連任，吉巴基元旦日立即宣誓就職，惹得各地憤怒民眾群起反對，局勢一發不可收拾。

非洲所謂民主選舉，與政綱、政見的關係不大，常起因於種族歧異。吉巴基總統屬基庫尤族 (Kikuyu)，集居中部奈洛比一帶，占全國人口廿二%；而歐丁嘉屬盧奧族 (Luo)，占人口一四%，並獲盧希亞族 (Luyia，占一四%)、卡倫金族 (Kalenjin，占一一%) 等族支持，所以得票超過現任總統。

我在南非時，肯亞總統莫夷 (Daniel Arap Moi) 來訪。兩國雖無邦交，我仍以外交團團長身分參與國宴，和他寒暄。此公原為整天手持馬尾拂塵的肯亞國父肯亞塔 (Jomo Kenyatta) 副手，肯亞塔逝世後繼任，原只是暫代。他卻利用種族紛歧，一連做了廿四年，可見手腕不凡。非洲無官不貪，莫夷撈飽之後，二〇〇二年世界銀行與西方捐助國家逼他舉辦多黨選舉，他才下台。

說來好笑，吉巴基與歐丁嘉竟然聯合出馬，競逐那次稍具民主意義的選舉。吉巴基原承諾當選總統後，由歐丁嘉出任總理。肯亞憲法下，大權集於總統之手，總理形同傀儡，那個位置可說不值分文，而肯亞國會各小黨聯合想修改憲法，都被總統阻止。

吉巴基六年來的政績爛透了，國內外一片指責之聲，英國與聯合國發展基金都看不下去，公開譴責這個把貪汙手伸進援款的政府。歐丁嘉則趁勢發動群眾抗議，動亂之火點燃後，迅速波及全國，誰也無法澆熄。

原被視為東非天堂的肯亞，根據紐約「外交關係協會」本月九日發布的報告，迄今無辜民眾傷亡在五百至一千人之間，流亡失所者則達廿五萬人。動亂的真正原因也並非黨爭，而是歷史悠久的種族仇視。

吉巴基那族人及齡時有割包皮的風俗，與猶太人相似。這次的種族衝突，原自歐丁嘉那族向認對方錙銖必較，貪得無厭。情勢演變至今，雙方都無路可退，不是你死就是我活，沒有談判的可能。

美國朋友告訴我說，布希總統或國安幕僚對肯亞毫無興趣，根本無對策可言。國務院先還發表簡短聲明，「慶賀」吉巴基當選連任。眼看動亂不止，媒體報導引起全美注視，才派主管非洲事務的女助理國務卿佛萊塞 (Jendayi Frazer) 趕去瞭解。

元月七日，迦納總統兼非洲聯盟主席的庫東爾 (John Kufuor) 到奈洛比調停，與雙方密談多次，政府與反對黨都不肯讓步。十日，庫氏知難而退，他向媒體說，前聯合國祕書長安南 (Kofi Annan) 將接手繼續調停。我看安南也註定會失敗，東非最後這塊乾淨土，短期內恐怕不會再有百萬富翁去狩獵了。

九四、人民用選票懲罰了阿扁…

（原刊九十七年一月十三日《中國時報》立委選舉揭曉特別報導）

立委選舉昨晚揭曉，國民黨在北、中部贏得漂亮，南部也有突破，總共贏得八十一席，比沈富雄預測的數字更高，幾乎難以置信。

就制度面而言，國民黨與無黨聯盟今後在立法院一百一十三席中占了八十六席，超過修憲所需四分之三的門檻。但正如馬英九所說，「高興一分鐘就好」。究竟六十五天後的總統選舉，才是重點所在。驕兵必敗，藍營不可掉以輕心。開票後，新黨、台聯、紅黨都全軍覆沒。實驗證明「單一選區兩票制」有利於台灣步向兩黨政治之途。

綠營人士無須過分悲觀，人民昨天用選票懲罰的是陳水扁總統。票數一面倒，不等於民進黨前途從此黯淡無光。相反地，仍有近三成九的人儘管飽受譏嘲謾罵，仍然支持這個黨當年創建時的理想，情願等它洗心革面，浴火重生。被人民唾棄的只是陳水扁；民進黨唯有與貪汙腐敗的第一家庭劃清界線，才有希望。

謝長廷正可藉此機會，爭取黨政各方面的領導權，真正主導還剩六十幾天的總統選戰。其餘三大天王裡，呂秀蓮負責輔選的桃園縣同樣全軍覆沒。除非陳水扁一家訪問瓜地馬拉後滯留不歸，她還可過幾天的總統癮。蘇貞昌做過八年台北縣長，而北縣卻只有從演藝圈空降的余天，打破國民黨囊捲全縣的局面；蘇前院長今後還是乖乖地輔助謝長廷競選，不能奢望取而代之。游錫堃的激進台獨主義早無市場，只能為阿扁陪葬。

總之，台灣需民進黨，正如需國民黨一樣，只有兩大黨相互監督制衡，我國民主才會繼續茁壯。

九五、迎接二〇〇八　試測國內外大勢

（原刊九十七年一月七日《中國時報》時論廣場）

去年元旦，我也寫過〈新年新開始　試測二〇〇七世局變化〉，國外部分還八九不離十。但在台灣，從馬英九二月宣布投入總統選舉，到年底陳水扁藉「去蔣化」與「公投綁大選」繼續掌控政局，發生了太多無法預料的事件。因為「外交官沒有悲觀的權利」，鼓起餘勇，希望今年預測的準確度會比去年高。

一、美國選總統　全球為之停擺

二〇〇八年剛開始，美國就為愛荷華州各城鎮的黨團會議（Iowa caucus）發燒。民主、共和兩黨都爆出冷門，歐巴馬與哈克比（Mike Huckabee）暫時領先。但距離仲夏的兩黨提名大會還有半年多，前途變幻莫測，希拉蕊仍可能成為史上第一位女總統。不論誰贏得寶座，各國都屏息觀望，許多重要決策因而暫停。

二、原油價格可能上探一百五十美元

新年剛過，國際市場原油就突破一百美元大關。放眼今年世局，變數甚多。而產油國家又多處在不穩定地帶，如果伊朗、伊拉克、蘇丹、奈及利亞乃至委內瑞拉發生任何事故，油價肯定再度上飆。年底前直叩一百五十美元，也不無可能。影響所及，不但窮國無力負擔，世界經濟將受重創。

三、中國大陸經濟轉型　發展國內市場

中國大陸經濟近十幾年急速發展，起先全賴廉價出口，結果之一是促使美國保護主義高張。但隨同大陸國民生活水準提升，國內消費將逐漸取代出口。「十七全」後政局更形穩定，浮出檯面的接班人既無過去的包袱，其高學歷與財經背景正可導引整體走向。中國能否「和平崛起」的目標，端視整體經濟轉型巨大工程的成敗而定。

四、宗教衝突持續　中東和平難期

不論美國、俄羅斯、或中國大陸誰起誰落，廿一世紀肯定不會再有一個或兩個超級強國操縱全世界的現象。東西文化尤其不同宗教的衝突將愈演愈烈。「基地」(Al Qaeda) 或「神學士」(Taliban) 分子是殺不完的，前仆後繼，越殺只會越多。布希總統在任最後一年，將盡力推動以色列與巴勒斯坦人互相承認、和平共存的「新中東和平計畫」，但前途遍布荊棘，不敢樂觀。

五、法德領頭　推動新歐盟憲章

因法國、荷蘭公投意外遭否決而停頓兩年的歐盟制憲運動，去年雖逢五十週年紀念，卻乏善足述，今年上半年由斯洛凡尼亞輪值擔任主席。在法國總統薩科奇與德國總理梅克爾策動下，勢將重提憲章草案，交由廿七個會員國依照憲政程序討論通過。雖尚需幾年時間方有完成之望，萬事起頭難，走出第一步，總

比停滯不前好。

六、獨裁政權面臨國際批判與制裁

從巴基斯坦到緬甸，從蘇丹到辛巴威，獨裁政權與「失敗國家」今年均將面臨國際嚴厲批評。穆夏拉夫總統愚蠢地將國會下議院選舉延至二月，只會給美國兩黨候選人更多指責的機會。緬甸與蘇丹的軍政府除北京外，到處被人唾棄。辛巴威民窮財盡，穆加比的日子也無多了。

七、日本福田內閣命運搖搖欲墜

半年前就任時，國內外都看好的福田康夫「背水內閣」，時運不濟，頻頻出事。先是國會參議院改選，自民黨大敗虧輸。然後爆發所謂「養老金事件」，五千萬份國民養老金紀錄居然神祕消失。國會辯論反恐法案，因合作組閣的民主黨反對而僵持。外交上最重要的中日關係，福田自稱「春天已經來到」，北京也有意配合，只是福田內閣支持度已跌到三三％，何時黯然下台，很難預料。

八、保持成長率　亞洲重要性不減

撇開中國大陸與日本不談，從東協、南亞的印度、中亞的「上海合作組織」、到東北亞的日韓兩國，儘管世局震盪，經濟都能保持穩定成長，政局也相對穩定，把其他地區遠遠拋在後面。澳洲與紐西蘭不再依戀歐洲，改向亞洲靠攏，世人皆知。資源豐富而人謀不臧的中南美洲，今年仍需掙扎，才能參加發展競爭的長跑。

九、台灣兩場選舉　世界都在看

五天後的立委選舉，首次實行「單一選區兩票制」，媒體雖以冷漠兩字形容選情，藍營絲毫不敢大意，仍發動連、馬、吳等人掃街拜票。綠營則出現內鬨，才有「母雞不肯帶，只好公雞出來」那樣酸溜溜的話。民主政治的特質是「一翻兩瞪眼」，本週末勝利的政黨，三月廿二日應可連莊。美國、日本之外，世界各國都注視這兩次投票，非因公投綁大選，而是台灣海峽的和平安定，對舉世都有影響。

十、總統選舉結果　決定兩岸關係

台灣海峽只有那麼寬，大陸有一千三百餘枚飛彈瞄準台灣各地，陳雲林早就說：「『反分裂法』不是擺在那裡玩的。」今年三月總統選舉誰勝誰負，北京密切注視而不表態。馬英九如當選，而大陸透過適當管道邀請，馬可能在就職前去北京以外的城市訪問。如謝長廷當選，他也會尋找機會走一遭。兩岸今後是和平競爭呢，還是持續劍拔弩張的情勢，端賴雙方有無合作誠意。

九六、建立陪審團制　防檢濫權

（原刊九十七年一月五日《聯合報》民意論壇）

憋了一年多的悶氣，馬英九終於對幾位特別費案的特偵組檢察官，分別提出告訴或告發，我首先要為他喝采。

侯寬仁檢察官的反應是「我不告他，他竟告我？」可見平時踐踏人權慣了，從來沒想到自己會有變成被告的一天。另外沈明倫與周士榆兩位檢察官或引用《金剛經》與《論語》解嘲，或索性不作回應，多少可看出各人個性不同之處。

馬英九提出告訴，是痛感檢察系統過去多少年來隨興辦案，不顧人民感受，浪費司法資源的作為，應藉機喚起全國人民注意，是該修改法律的時候了。與馬英九聯名提出告發的陳長文是台灣法界最負盛名的英美法權威，這不是場普通的官司，有很深的教育意義。

半年前我曾主張效法英、美、法、乃至日本等民主先進國家，建立「陪審團」制度，免得再有侯寬仁一類的檢察官胡作亂為；可惜朝野都忙於選戰，無人理睬。現在有這兩件訴訟案可引起全民公開討論。以下幾項陪審制的重點，與台灣現行檢察制度比較，孰優孰劣，一望可知。

民國以前，中國實無檢察制度可言。審案者高坐堂上，被告跪在地下，問他認不認罪，不認就嚴刑拷打逼供。後來雖採用大陸法制，法庭上高坐著主審推事，右方是檢察官，左方則是陪席法官，一副「三堂會審」的模樣，被告哪有人權可言？政府遷台後，不知派過多少人出國考察，才把檢察官的座位從上面搬下來，與被告並排而坐。表面上算是平等了，但未進入司法程序前，檢察官偵辦刑案，仍然我行我素，這是第一點不同。

其次，稱陪審制者是因為英美法國家就選民名單中選取若干人組成陪審團；審判時的小陪審團通常為十二人。美國各州司法獨立，廿幾州目前仍有大陪審團，如加州是十九人，任期達三個月。檢察官偵辦案件，須有大陪審團在旁；最後檢察官解釋適用法條後，由大陪審團員投票決定應否起訴。我相信在此種情形下，侯寬仁要起訴馬英九，大陪審團不會同意。而他們三位要放謝長廷過關，也沒那麼容易。

最後也最重要的：陪審制保障的是人民的基本人權與基本自由，用以制衡政府看似無限的權力，並獨立於檢察官之外，發掘事實真相。像侯寬仁去年在一審庭訊終結辯論那天，忽然臨時追加馬英九「背信罪」，事先瞞住對手，違反刑事訴訟通例，實非君子所應為。

陸以正觀點

【三民叢刊227】

如果這是美國——一位退休外交官看臺灣　陸以正　著

面對每天沸沸揚揚的話題，您的感想是什麼？是事不關己的冷漠？還是無法判斷是非的茫然？一位終身奉獻外交事務的外交官，以駐外三十五年的經驗，告訴您「如果這是美國……」。

【三民叢刊264】

橘子、蘋果與其它——新世紀看台灣舊問題　陸以正　著

「換人做做看！好不好？」但是怎麼看？怎麼比？是隨媒體左右而陷入「八卦」迷陣？還是沉醉在「政治秀場」的氣氛中搖擺？陸以正先生以其畢生奉獻於新聞工作與外交事務的宏觀視野，告訴你如何由內行人的門道來看新世紀中的舊問題。

【三民叢刊294】

台灣的新政治意識——局外人對二○○四年大選的觀察　陸以正　著

陸以正先生以他豐富寬廣的國際眼光和溫暖的文筆，記錄並剖析了民國九十二年元月至九十三年三月間，台灣所經歷的動盪歲月。這些文字，除了讓我們在「事過」之際，能以冷靜的心重新檢視這些新聞事件，更能進一步思考對於我們的現在與未來將受到如何影響，從而建立自己的觀點。

【人文叢書　社會類1】

吵吵鬧鬧　紛紛亂亂——徘徊難決的台灣走向　陸以正　著

本書收錄前大使陸以正先生在報端發表的雜感與評論，透過篇篇精闢的深度剖析，直達台灣問題的真正核心。讓我們跟隨大使宏觀開放的視野，一同見證這段舉措不定的歲月！

【人文叢書　社會類2】

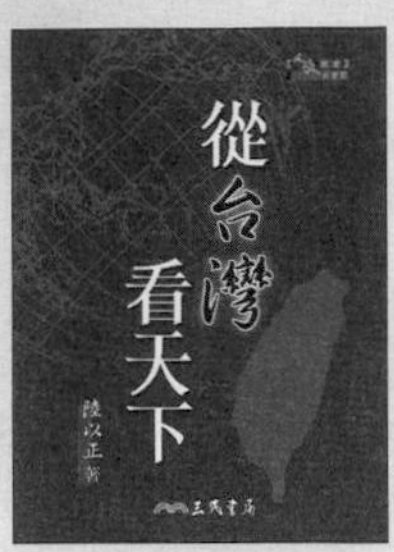

從台灣看天下　陸以正　著

「國際情勢正迅速變化中，而台灣越來越追趕不上脈動，勢將難逃邊緣化的命運。」本書作者陸以正先生有鑑於此，以其長年擔任外交官的駐外經驗，對國際新聞提出種種敏銳的觀察與解讀，告訴國人：在國際情勢牽一髮而動全身的年代，我們再也不能自外於這些攸關台灣前途的世界大事！